Enrico Amedeo

C

Telecomunicazioni, didattica, software aerospaziale e processi industriali: con C questo e molto altro

Pocket

APOGEO

C Pocket

Autore:
Enrico Amedeo

Socio Unico Giangiacomo Feltrinelli Editore S.r.l.
Via Natale Battaglia 12 – 20127 Milano (Italy)
Telefono: 02-289981 – Fax: 02-26116334
Email: apogeo@apogeonline.com
U.R.L.: www.apogeonline.com

ISBN: 978-88-503-2666-2

Redazione e impaginazione: liberipensieri.com
Revisione tecnica: Emanuele Giuliani
Copertina e progetto grafico: Enrico Marcandalli

Finito di stampare nel mese di Ottobre 2007
da Legoprint - Lavis (TN)

Indice

Introduzione

C è un linguaggio di programmazione per usi generici sviluppato negli anni settanta ai Bell Telephone Laboratories per essere utilizzato con il sistema operativo Unix. È stato uno dei linguaggi di programmazione di maggiore successo nonché fonte di ispirazione per molti altri linguaggi nati in seguito. Sebbene non sia una novità, ancora oggi è molto utilizzato.

Il linguaggio C è caratterizzato da un insieme di istruzioni molto limitato, sufficienti però a implementare un qualsiasi algoritmo con la programmazione strutturata. È dotato di un buon insieme di operatori e da un insieme di tipi di dati di base sufficientemente completo, che può essere esteso dichiarando le proprie specifiche tipologie di dato.

Le unioni e i puntatori consentono di operare con la memoria del sistema in modo molto diretto, ma senza la complessità richiesta dall'assembler. Questo fatto rende il linguaggio C ottimo per la programmazione di sistema, che richiede molta efficienza e il dialogo diretto con lo strato più basso del sistema.

La sintassi del linguaggio e gli operatori, oltre che le prime linee guida del linguaggio fornite dai suoi autori, portano alla stesura di codice poco leggibile. È quindi abbastanza frequente che un programma C risulti molto complesso in sede di manutenzione.

L'aritmetica dei puntatori, sebbene sia una funzionalità molto potente e indispensabile per una programmazione efficiente e a diretto contatto con l'hardware del computer, è una continua fonte di errori e malfunzionamenti. Il linguaggio non dispone infatti di sistemi di sicurezza che delimitino gli ambiti di competenza di singole funzioni o processi. Per esempio, l'accesso ai vettori è incontrollato, e consente di pervenire a elementi non validi dello stesso.

Il linguaggio è completamente procedurale. È quindi privo del supporto agli oggetti, paradigma di programmazione oramai affermato anche per la programmazione applicativa di massa. L'impiego del linguaggio C è quindi oggi relegato a nicchie funzionali dove le performance e la compattezza sono più importanti del tempo di sviluppo e della semplicità di manutenzione, come per esempio il mondo mobile o embedded. Nonostante questo, C riveste comunque un ruolo fondamentale in ambito didattico in quanto nessun altro linguaggio oggi in circolazione permette di affrontare le basi della programmazione in modo così semplice e diretto.

Scopo del libro

Lo scopo di questa breve guida non è solo quello di descrivere in modo completo ed esauriente gli elementi sintattici del linguaggio C, ma anche quello di mostrare come utilizzare nel modo più corretto alcuni suoi elementi, come vettori e strutture. Algoritmi e strutture dati non sono dominio esclusivo di questo linguaggio, ma questo è particolarmente indicato per la loro discussione e analisi.

Prerequisiti

Il testo è fruibile anche dal lettore con competenze informatiche limitate alla conoscenza sommaria del funzionamento interno di un computer. La natura dell'argomento, che è abbastanza elementare, comporta la trattazione di argomenti di base e consente di cercare di conoscere i concetti fondamentali della programmazione.

Contenuti

In questa breve guida sono condensati tutti gli elementi fondamentali della sintassi del linguaggio C, oltre alla spiegazione di algoritmi fondamentali per le strutture dati, siano esse basate su vettori che su strutture. Il testo si articola nei seguenti capitoli:

1. **Cos'è il linguaggio C**. Un primo approccio con il linguaggio, la nascita e le caratteristiche peculiari per arrivare a un esempio di programma più semplice possibile.

2. **Tipi e operatori**. Le variabili e gli operatori che consentono di modificarne i valori sono elementi fondamentali in tutti i linguaggi di programmazione. Questo capitolo, insieme al successivo, descrive questi elementi basilari.

3. **Strutture di controllo.** Il controllo del flusso è un elemento essenziale per la costruzione di algoritmi, e in questo capitolo vengono descritte le strutture per i salti condizionali e non condizionali e per le iterazioni.
4. **Preprocessore.** La fase di compilazione, descritta nel primo capitolo, prevede una fase di pre-elaborazione. Qui sono descritte tutte le direttive supportate dal linguaggio.
5. **Funzioni.** Un programma C è un insieme di funzioni che cooperano tra di loro al fine di ottenere il risultato richiesto. In questo capitolo viene mostrato come dichiarare e utilizzare le funzioni.
6. **Vettori.** Il vettore è una struttura di dati molto semplice composta da un numero predeterminato di variabili dello stesso tipo a cui è possibile accedere utilizzando uno stesso nome di variabile.
7. **Puntatori.** I puntatori sono un concetto abbastanza specifico del linguaggio C e rivestono un'importanza fondamentale al fine di realizzare codice compatto e molto efficiente.
8. **Stringhe.** Le stringhe sono un tipo di dato molto importante in tutti i linguaggi di programmazione. In questo capitolo ne viene descritto il funzionamento interno e vengono illustrate le funzioni di libreria disponibili per la loro manipolazione.
9. **Strutture e unioni.** Le strutture sono un insieme di variabili di tipo anche diverso, ma correlate in modo logico, che possono essere impiegate come un'unica entità.
10. **Gestione della memoria.** Questo capitolo illustra le funzioni per la gestione dinamica della memoria, inclusa l'allocazione e il rilascio della stessa.
11. **Strutture dati.** In questo capitolo viene mostrato come organizzare in modo efficiente le informazioni in memoria, utilizzando strutture dati consolidate come liste e pile.
12. **Gestione dei file.** Un file è "una stringa scritta su disco" e il linguaggio C dispone di numerose funzioni per la loro gestione.

A completamento del testo sono presenti due appendici:

A. **Parole chiave.** In questo appendice sono elencate le parole chiave riservate del linguaggio, come definite nello standard ANSI C 99.

B. **Precedenza operatori.** Nella tabella c'è un riassunto degli operatori del linguaggio C, ordinati per precedenza.

Convenzioni utilizzate nel libro

Nel libro sono presenti alcune icone che identificano tipi particolari di informazioni relative agli argomenti trattati.

Nota *Una nota contiene informazioni interessanti, talvolta tecniche, relative all'argomento trattato. Riporta anche approfondimenti e curiosità.*

Suggerimento *Questa icona contrassegna spunti e consigli per risparmiare tempo ed evitare confusioni, come per esempio il modo più semplice per eseguire una determinata operazione.*

Attenzione *Accanto all'icona di attenzione sono riportate indicazioni da non trascurare per evitare le difficoltà in cui gli utenti, soprattutto alle prime armi, possono imbattesi.*

Terminologia *Questa icona segnala e spiega termini nuovi o poco familiari.*

Riferimenti *Contiene indicazioni circa altri testi o siti internet in cui approfondire gli argomenti trattati.*

Autore

Enrico Amedeo è SUN Certified Enteprise Architect for Java Platform 2 Enterprise Edition Technology. Attualmente lavora come senior developer presso una importante software house. Per Apogeo è autore di UML Pocket.

Capitolo 1

Cos'è il linguaggio C

C è un linguaggio di programmazione per usi generici, procedurale e imperativo sviluppato nel 1972 da Dennis Ritchie ai Bell Telephone Laboratories per essere utilizzato con il sistema operativo Unix.

Dagli anni settanta fino ad oggi è stato uno dei linguaggi di programmazione che ha riscosso il maggiore successo, fonte di ispirazione per altri, come Perl, PHP, C++, Java, C# ecc. L'influenza che ha avuto in generale nel mondo della programmazione ne misura l'importanza che riveste tutt'ora e che ha rivestito in passato.

Origini e storia del linguaggio

Lo sviluppo iniziale di C avvenne ai laboratori AT&T tra il 1969 e il 1973 da parte di Dennis Ritchie, sulla base di un precedente linguaggio, chiamato "B". Quest'ultimo era una versione ridotta di BPCL, un altro linguaggio di programmazione creato da Martin Richards. Nel 1972 si ebbe il momento di maggior fervore creativo, che sfociò nell'anno successivo in una versione sufficientemente potente da rendere possibile la riscrittura di gran parte del kernel del sistema operativo Unix, inizialmente sviluppato in assembler su PDP-11. Nel 1978 venne pubblicato il libro "Linguaggio C" di Dennis Ritchie e Brian Kerninghan, che per molti anni costituì la specifica informale del linguaggio. Al termine degli anni settanta e agli inizi degli anni ottanta C vide un aumento notevole della propria popolarità, che spinse l'American National Standard Institute (ANSI) a formare un comitato per definire le specifiche ufficiali del linguaggio. Questo venne ratificato nel 1989, anno in cui uscì una riedizione aggiornata del libro di Kerningham e Ritchie con gli opportuni aggiornamenti. Questa versione di C ANSI è chiamata talvolta C89. Nel 1990 l'International Organization for Standardization (ISO) adottò il linguaggio, creando la specifica ISO/IEC 9899:1990. Questa versione di C, sostanzialmente identica alla versione C89, è nota come C90.

Alte prestazioni

Sebbene sia utilizzato in prevalenza per la programmazione di software di sistema, C è anche ampiamente utilizzato per la realizzazione di applicazioni. La natura decisamente a basso livello del linguaggio, che prevede la generazione di poche istruzioni macchina per ciascun costrutto chiave, lo rende ottimo per la programmazione di sistema. È utilizzato quindi per la realizzazione di componenti del sistema operativo o per software la cui efficienza e compattezza sono fondamentali. C non richiede inoltre un estensivo supporto all'esecuzione. Questo significa che nel programma eseguibile vengono inseriti solo pochi elementi di supporto per l'esecuzione del programma, oltre all'implementazione delle funzioni utilizzate. Se si pensa che per eseguire (e non realizzare) un programma Java sono necessari diversi megabyte di JRE (Java Runtime Environment) appare chiara la differenza in termini di compattezza tra C e le piattaforme più moderne come Java e .NET. Nella Figura 1.1 c'è un confronto tra il supporto all'esecuzione, chiamato runtime, utilizzato dai programmi C e quello impiegato sulla piattaforma Java.

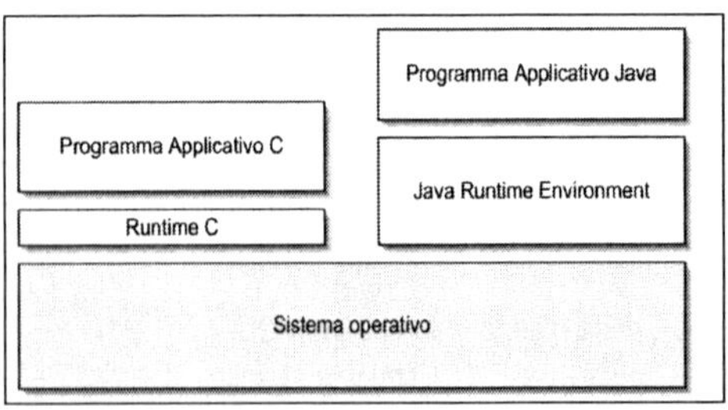

Figura 1.1 Confronto tra il supporto di esecuzione di C e Java.

Il linguaggio C è utilizzato, come si diceva, anche per realizzare applicazioni. I tipici programmi realizzati con questo linguaggio includono programmi di videoscrittura, CAD, programmi di grafica e altri. Sono tutte applicazioni dove è indispensabile un'ottima efficienza e parsimonia dell'uso delle risorse. Sono programmi che girano sul computer dell'utente, che deve poter operare con una interfaccia utente responsiva. Scrivere un'applicazione così complessa in C è molto difficile, e solo l'enorme diffusione di queste tipologie applicative giustifica l'impegno richiesto per realizzarle. Nel caso di programmi meno diffusi o dove l'hardware a disposizione è più potente, come le applicazioni web, è possibile impiegare anche tecnologie più semplici da usare, come Java o .NET, le quali però richiedono più memoria e processore.

Inoltre, è interessante notare che il linguaggio C è compilato e produce istruzioni macchina per uno specifico processore. Quindi la portabilità del software scritto in C è limitata, anche se decisamente superiore a quella scritta in assembly. Non è portabile però come il software scritto per Java o .NET, ma questo vantaggio è compensato con le maggiori richieste hardware di queste ultime piattaforme. Anche i sorgenti Java o C# compilano in un binario, il *bytecode*, ma questo non è codice macchina di un processore esistente, ma un codice intermedio che ancora deve essere tradotto nelle istruzioni del processore reale presente nel computer. Con il linguaggio C questo non avviene: la compilazione del codice origina istruzioni per uno specifico processore. In questo modo le prestazioni di velocità pura che si ottengono con programmi C sono ancora oggi ineguagliate dalle più moderne piattaforme Java e .NET.

Un linguaggio procedurale

C è un classico linguaggio basato su procedure, anche se nell'ambito di questo linguaggio non si utilizza questa terminologia, come avviene per esempio con il Pascal. Un programma C è infatti una raccolta di funzioni che interagiscono tra di loro per svolgere le attività previste dal software. L'elaborazione inizia dalla funzione `main()`, presente in tutti i programmi scritti in C.

Quando il sistema operativo avvia un programma scritto con questo linguaggio, una delle prime cose che viene fatta è quella di cercare la funzione `main()` e di invocarla. In Figura 1.2 è presente un esempio di organizzazione di un programma C.

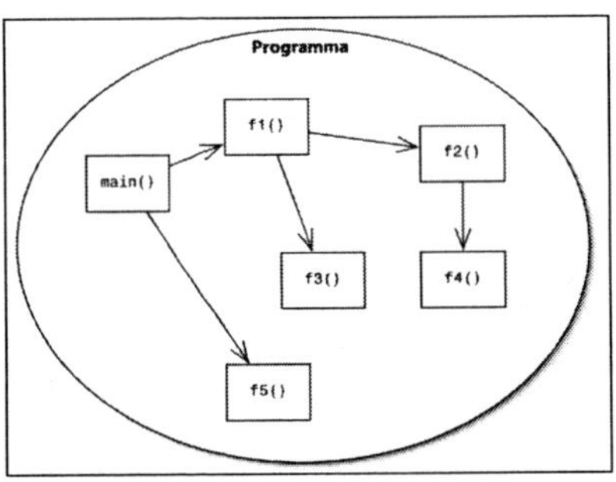

Figura 1.2 Tutto inizia dalla funzione main().

Tra i vantaggi dell'approccio procedurale, rispetto ad altre modalità di programmazione, c'è la possibilità di implementare algoritmi e programmi di discreta complessità in modo semplice. Utilizzandolo, processi più complessi vengono suddivisi in elementi sempre più piccoli, fino a quando questi diventano facilmente gestibili.

Un altro vantaggio della programmazione procedurale è rappresentato dalla possibilità di riutilizzare parte del codice in punti diversi del programma o addirittura in programmi differenti. Un metodo comune è quello di raccogliere in *librerie* le funzioni che potrebbero essere utili in altri progetti, e che verranno poi utilizzate per lo sviluppo di altri programmi.

Infine, è bene notare come la programmazione procedurale consenta di impostare il flusso dell'algoritmo in modo chiaro e leggibile. Per contro, la *programmazione destrutturata* è costellata da chiamate dirette a punti specifici dell'algoritmo, i cosiddetti GOTO (o salti), che rendono molto più complessa l'intelligibilità e la manutenzione del software.

Un linguaggio imperativo

È stato detto che C è un *linguaggio imperativo*. Nell'informatica, questa definizione significa che il codice sorgente è impostato come una sequenza di istruzioni che indicano al sistema come cambiare lo stato del programma. In altre parole, il programma ordina, comando dopo comando, quello che deve fare il computer. La programmazione imperativa è contrapposta alla programmazione dichiarativa dove il software è realizzato sottoforma di espressioni, attraverso un linguaggio funzionale, logico o di vincoli. Spesso i linguaggi imperativi sono anche procedurali e si finisce per utilizzare i due concetti come intercambiabili, anche se hanno significati diversi.

Per tutte le stagioni

Il linguaggio C è adatto a usi generici. Questo significa che non contiene istruzioni specifiche per particolari problematiche funzionali. Altri linguaggi sviluppati nel periodo storico nel quale è nato il linguaggio C, erano invece dotati di istruzioni studiate appositamente per la soluzione di problematiche legate a domini funzionali specifici, come per esempio il calcolo ingegneristico o quello finanziario. Attualmente la maggior parte dei linguaggi di programmazione più diffusi è studiato per usi generici, salvo poi offrire librerie di funzioni già pronte per risolvere particolari problematiche funzionali. Utilizzando questo approccio, i progettisti sono in grado di realizzare un insieme di istruzioni di base il cui numero è limitato e la funzionalità ben definita, rendendone più semplice l'apprendimento e l'uso di base, ma lasciando nel contempo la possibilità di estenderlo con librerie di base per risolvere i problemi specifici e verticali.

Questo approccio, consolidatosi nel tempo, si può considerare oggigiorno quello più affermato e diffuso, sicuramente nell'ambito dei linguaggi di programmazione per usi generici.

La memoria

Un elemento fondamentale nel campo della programmazione è la memoria centrale, una risorsa fondamentale per il software in quanto permette di memorizzare i dati su quali operano gli algoritmi. Nel linguaggio C la gestione della memoria è alquanto diretta e non controllata, come avviene invece con linguaggi o tecnologie quali il BASIC, Java o .NET. Quando si dichiara una variabile in un programma C, il compilatore riserva lo spazio di memoria necessario a contenerla. Utilizzando la variabile è possibile accedere a quella posizione di memoria, leggendo o scrivendo un dato.

Oltre all'allocazione attraverso al dichiarazione di variabili, sono presenti alcune funzioni di gestione dinamica della memoria che consentono di allocare una porzione di memoria di dimensione arbitraria. Funzioni speculari permettono, una volta utilizzata, di rilasciarla al sistema operativo. È importante sottolineare che questa operazione è a carico del programmatore, che deve ricordarsi di rilasciare la memoria allocata quando non serve più. Questo requisito del linguaggio genera uno dei problemi più sentiti dalle applicazioni realizzate in C, il *memory leak*. Questa anomalia si presenta quando un programma alloca una porzione di memoria e non la rilascia al termine delle operazioni. Se questi fatti si presentano più volte durante l'esecuzione del programma, la memoria di sistema disponibile decresce sempre di più, fino a esaurirsi. Quando questo avviene, le funzioni di allocazione di memoria non sono in grado di riservare altro spazio e il sistema diviene instabile. Il programma potrebbe dunque andare in *crash* (interrompersi improvvisamente). Questo potrebbe comportare problemi gravi, per esempio se l'utente sta operando su dati non ancora salvati, che in questo modo verrebbero persi.

Un altro problema che si presenta con l'allocazione dinamica della memoria avviene quando il programma rilascia la memoria troppo presto. Se del codice successivo cerca di accedere alla zona di memoria che inizialmente era riservata al programma ma che ora è stata restituita al sistema operativo, possono verificarsi problemi di stabilità o errori di protezione da parte di quest'ultimo. Si immagini infatti che la memoria rilasciata dal programma sia stata allocata per un altro programma. In questo caso il secondo programma si troverebbe dati imprevisti nella propria memoria, perché il primo programma ne ha fatto uso nonostante questa non fosse più di sua competenza.

Lo stesso problema si può presentare operando con l'aritmetica dei puntatori. Questi saranno descritti in dettaglio più avanti nel libro. Per ora si sappia solo che con il linguaggio C è possibile puntare direttamente a posizioni di memoria arbitrarie, ma che solitamente sono relative a variabili allocate staticamente o dinamicamente. Un errore di calcolo da parte del programma potrebbe portare a un tentativo di accesso a una area di memoria errata, producendo un errore di programma difficilmente diagnosticabile; nel caso l'accesso avvenga al di fuori dello spazio di indirizzamento del programma stesso, la maggior parte dei sistemi operativi riconosce l'operazione come non valida e interrompe l'esecuzione del programma o in qualche modo segnala il problema all'utente.

La memoria è una risorsa fondamentale che il programma C deve trattare con estrema precisione e cautela, poiché ogni minimo errore può comportare l'instabilità del programma o dell'intero sistema. Questo è un aspetto diametralmente opposto ad altri linguaggi o piattaforme software come per esempio Java o .NET, dove la gestione della memoria è automatica ed affidata al supporto di esecuzione della specifica piattaforma.

Dal sorgente all'esecuzione

Per realizzare un programma utilizzando il linguaggio di programmazione C è necessario seguire una serie di passaggi che, a partire dal file sorgente che contiene il programma, portano alla produzione di un file eseguibile. Quest'ultimo rappresenta un programma che può essere eseguito dal computer. Per intenderci, in ambiente Windows i programmi sono file che hanno estensione `.exe`.

I programmi C sono memorizzati all'interno di un file di testo in formato ASCII, uno standard internazionale per la codifica dei caratteri ampiamente utilizzato. Ciascun file sorgente è anche chiamato *modulo*. Oggigiorno la maggior parte dei sistemi operativi supporta lo standard Unicode, che prevede l'uso fino a due byte per rappresentare un singolo carattere nei file di testo. Per contro, ASCII prevede l'uso di un singolo byte per ciascun carattere.

La sequenza di fasi necessarie a produrre un eseguibile a partire da un sorgente scritto nel linguaggio C è riassunta nella Figura 1.3, dove i programmi software di supporto hanno sfondo più scuro e bordi arrotondati mentre i file di lavoro hanno contorni squadrati e un angolo piegato in alto a destra.

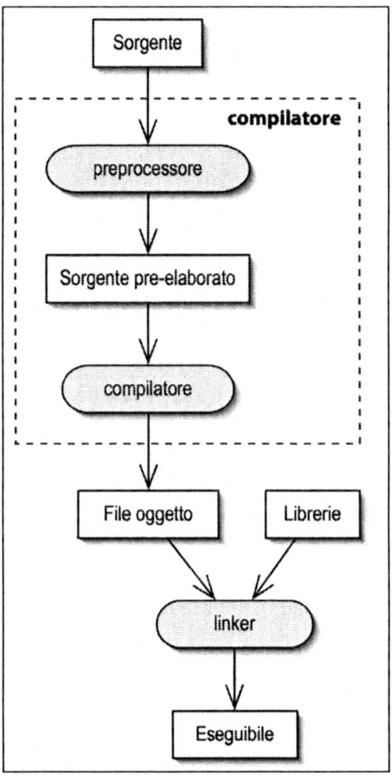

Figura 1.3 Fasi per la creazione di un eseguibile a partire da un sorgente C.

Per prima cosa, il file sorgente viene passato al compilatore, che si occupa di svolgere le seguenti fasi.

1. Invoca il preprocessore, una componente del compilatore che ha lo scopo di eseguire una pre-elaborazione del file sorgente. In questa fase il compilatore non entra nel merito delle singole istruzioni di programmazione, ma considera solo le direttive di pre-elaborazione, che sono identificate dal fatto che iniziano per un cancelletto (#). Queste, come vedremo nel paragrafo successivo, consentono di includere file in altri file, di definire simboli e determinare quali parti di programma compilare o meno.

2. Il sorgente così ottenuto viene passato al compilatore vero e proprio, che traduce le singole istruzioni in codice macchina per il processore di destinazione, che solitamente coincide con quello su cui si sta lanciando la compilazione, ma che in alcuni casi è indicabile come parametro del compilatore. In questo modo è possibile, per esempio, utilizzare processori G4 (utilizzati sui computer Macintosh realizzati nei primi anni 2000) per produrre codice macchina per processori x86 (utilizzati sui PC).

Il risultato della compilazione è un file intermedio, chiamato *file oggetto*. Questo viene passato al linker, un altro programma software che si occupa di trasformare il file oggetto in un file eseguibile. Durante questa fase, il linker cerca tutte le funzioni che sono state utilizzate nei file sorgenti e le collega alle relative implementazioni. Per esempio, quando si esegue il link del programma `HelloWorld` descritto nel paragrafo successivo, il linker cerca nelle librerie l'implementazione della funzione `printf()` utilizzata dal programma. Una volta trovata, preleva il relativo codice oggetto e lo inserisce nell'eseguibile. Quest'ultimo è quindi la somma del codice sorgente iniziale, del codice che implementa le funzioni utilizzate e di un piccolo insieme di codice di supporto, il runtime, che si occupa tipicamente delle operazioni di inizializzazione e terminazione del programma.

Una libreria non è altro che la raccolta del codice oggetto di funzioni compilate in una fase di lavoro precedente e memorizzate in un unico file, per un utilizzo più comodo. Le fasi necessarie per la creazione di una libreria sono infatti molto simili a quelle svolte per la creazione di un file eseguibile, con la differenza che il risultato finale è generalmente un file con estensione `.lib`. *Questo si ottiene utilizzando un diverso programma al posto del linker, che non fa altro che convertire il file oggetto in un formato leggermente diverso.*

Hello World

Il modo più classico per introdurre una nuova tecnologia è presentare il tipico esempio "Hello World", che non fa altro che stampare a video questa scritta. Si dice che questo approccio sia nato proprio con il libro di Kerninghan e Ritchie, infatti è stato successivamente ripreso in modo regolare come modo per introdurre nuove tecnologie e linguaggi.

Il programma è il seguente:

```
#include <stdio.h>

int main () {
     printf("Hello, World!\n");
     return 0;
}
```

Analizziamolo riga per riga. La prima istruzione include un file esterno chiamato `stdio.h`, che contiene la definizione della funzione `printf()`, utilizzata poco dopo nel codice. La prima riga contiene una istruzione di preprocessore, che verrà approfondito nel Capitolo 4.

Nei programmi C ogni riga termina con un punto e virgola, oppure con le parentesi graffe. Questi elementi consentono al compilatore di determinare l'inizio e la fine di un'istruzione o di un gruppo di istruzioni. Le istruzioni di preprocessore sono invece identificate dal fatto che iniziano per cancelletto (#).

Dopo di questa è presente la dichiarazione della funzione `main()`, che come già spiegato, costituisce il punto di ingresso di ogni programma C. Questa dichiarazione è standard e prevede che il tipo del valore di ritorno sia un valore intero (`int`). Dopo la dichiarazione della funzione è presente una parentesi graffa aperta. Questo carattere identifica l'inizio dell'implementazione della funzione stessa e delimita l'elenco delle istruzioni che la compongono. Il termine della funzione è identificato dal carattere di parentesi graffa chiusa.

In un programma C si può identificare facilmente una chiamata a funzione dalla presenza delle parentesi tonde, le quali possono contenere un elenco di parametri più o meno lungo.

L'implementazione della funzione è costituita da due sole righe. La prima è una chiamata alla funzione `printf()`, che serve per stampare a video, sullo standard output. Approfondiremo l'output e l'input più avanti. Per ora basti sapere che lo standard output tendenzialmente corrisponde alla riga comandi. La seconda riga dell'implementazione contiene l'istruzione `return`, che indica di restituire al chiamante il valore passato come parametro, che in questo caso è zero. Questa istruzione viene utilizzata in tutte le funzioni. Quando impiegata nella funzione `main()`, il valore restituito viene passato al sistema operativo. I programmi che terminano con valore diverso da zero solitamente vogliono segnalare che sono finiti con un errore. In questo caso non possono accadere errori, dunque il programma di esempio restituisce uno zero fisso.

Questo primo listato è solo un assaggio di come funziona il linguaggio C, ma significativo della sua logica di base.

Compilazione ed esecuzione

Per provare questo semplice programma è necessario elaborarlo con gli strumenti software sopra descritti: il compilatore, il preprocessore e il linker. Per chi utilizza sistemi operativi basati su Unix, come Mac OS X o GNU/Linux c'è una buona notizia. Questi programmi sono già presenti nel sistema operativo, ed è sufficiente lanciarli dalla riga di comando. Il compilatore presente solitamente nei sistemi derivati da Unix è il GNU Compiler Collection (GCC) prodotto dalla Free Software Foundation.

Il nome GNU Compiler Collection contiene il termine "collezione" in quanto in realtà questo compilatore è in grado di compilare sorgenti in diversi linguaggi, tra cui C, C++, Objective-C, Fortran, Java e Ada.

Se invece si sta utilizzando Windows, sarà necessario installare il compilatore appositamente, scegliendo tra implementazioni diverse, alcune gratuite e altre commerciali. Tra quelle gratuite si trova il porting per Windows di GCC e l'IDE Bloodshed Dev-C++ (`http://www.bloodshed.net/devcpp.html`), mentre tra quelle commerciali è possibile citare le implementazioni di Microsoft, Intel e Borland. L'azienda di Redmond offre un compilatore C come parte del suo prodotto Visual C++, mentre da Borland è possibile ottenere gratuitamente Turbo C, una riedizione aggiornata di un noto compilatore del passato. Intel produce invece un compilatore C ottimizzato per il funzionamento con i suoi processori, per quei casi dove le performance sono un elemento essenziale.

Per compilare un sorgente C con GNU Compiler Collection è sufficiente invocare il compilatore passando come parametro il nome del file da compilare ed esplicitando il nome dell'eseguibile che si intende ottenere. Per esempio, per compilare il file `HelloWorld.c` è necessario digitare questo comando:

```
$ cc HelloWorld.c -o HelloWorld
```

Da questo punto in poi si troveranno più volte istruzioni a linea di comando, scritte utilizzando la sintassi tipica delle console Unix. Il lettore che utilizza un sistema operativo di questo tipo, come per esempio Linux o Mac OS X, potrà riportare l'istruzione tale e quale. Gli utilizzatori di altri sistemi operativi, come Windows, facciano riferimento alla documentazione allegata al compilatore o ambiente di sviluppo che hanno deciso di utilizzare.

Ovviamente il file sorgente deve essere presente nella directory nella quale si lancia il comando. Il parametro `-o` indica al compilatore di assegnare al compilato il nome che segue, che in questo caso è `HelloWorld`.

Se non vengono modificate le opzioni, il compilatore chiama il file eseguibile `a.out`*, un nome standard, ma essendo poco significativo è meglio cambiarlo, utilizzando l'opzione indicata.*

A questo punto è possibile eseguire il programma, attraverso il comando seguente:

```
$ ./HelloWorld
```

L'esecuzione del programma, come ci si aspetta, produce la seguente scritta:

```
Hello, World!
```

Il programma viene lanciato utilizzando il prefisso ./ in quanto non è garantito che il percorso corrente sia inserito nell'elenco di ricerca dei programmi eseguibili di sistema (`PATH`*). L'indicazione esplicita della directory corrente consente alla shell di individuare immediatamente il file richiesto.*

Input da tastiera

Nel semplice programma HelloWorld descritto in precedenza è stata impiegata la funzione `printf()` per produrre un output a video. Un'altra funzionalità fondamentale nell'ambito dell'input/output è quella che consente l'acquisizione di dati dalla tastiera. In C è possibile utilizzare, a questo scopo, la funzione `scanf()`.

Quello che segue è un programma (chiamato Echo) molto semplice che richiede all'utente la digitazione di un numero e successivamente lo stampa a video. In questo codice si trovano alcune cose nuove. Per prima cosa, si noti la dichiarazione della variabile `n`, di tipo intero, che avviene proprio all'inizio della funzione `main()`. Sulla dichiarazione e i tipi di variabile si potranno leggere tutti i dettagli nel capitolo successivo. Qualche riga più giù si trova la chiamata alla funzione `scanf()`. Si noti che questa richiede due parametri: il primo contiene la specifica del tipo di dato atteso. In questo caso viene utilizzato `%d`, che sta per "decimale". Il secondo parametro è il nome della variabile, che viene preceduto dal carattere `&`. Questa sintassi è legata al concetto di puntatore, che verrà descritto in dettaglio nel Capitolo 7.

Una volta arrivati all'istruzione successiva a `scanf()`, la variabile `n` è valorizzata con quanto digitato dall'utente. A questo punto non rimane altro che produrla in stampa, utilizzando ancora la funzione `printf()`. Questa volta i parametri di chiamata sono due: un testo e la variabile da stampare. Nel testo è presente un segnaposto, `%d`, che indica dove posizionare il valore della variabile passata come parametro. Come con `scanf()`, la lettera utilizzata come segnaposto fornisce alla funzione l'indicazione del tipo di dato da aspettarsi.

Il codice sorgente del programma Echo è il seguente:

```
#include <stdio.h>

int main ()
{
    int n;

    printf("Digita un numero: ");
    scanf("%d", &n);

    printf("Hai digitato %d\n", n);
    return 0;
}
```

Le funzioni `printf()` *e* `scanf()` *fanno parte della libreria di base che solitamente accompagna il compilatore C. Non sono parte del linguaggio, ma funzioni create per poter scrivere applicazioni senza dover implementare di nuovo, ogni volta, le funzionalità di base.*

Commenti

Un elemento di sintassi fondamentale che non manca in nessun linguaggio di programmazione, sia esso di scripting che di markup, è quello che consente di specificare commenti nel codice. Un commento è una parte di testo che viene scartata dal compilatore in fase di traduzione del sorgente in codice macchina. I commenti servono a diversi scopi. Quello principale è di documentare il funzionamento del programma. In certi altri casi si utilizzano i commenti per escludere o includere temporaneamente parti di programma, per poter fare delle prove con diverse versioni di software senza dover riscrivere parti di esso. In C i commenti sono delimitati dai caratteri `/*` e `*/`. Quello che segue è il programma Hello World con alcuni commenti inseriti:

```
/****
 * HelloWorld.c
 *
 * Il mio primo programma C.
 *
 * (c) 2007 Enrico Amedeo
 */
#include <stdio.h>

/*
 * Funzione principale
 */
int main () {

     /* saluta l'utente */
     printf("Hello, World!\n");

     /* fine */
     return 0;
}
```

Un errore tipico è quello di utilizzare i commenti per descrivere quello che "fa" il codice, invece che "perché". È perfettamente inutile avere una descrizione testuale del funzionamento del codice, perché questo si evince semplicemente leggendolo. Nel commento va scritto invece il perché il codice è scritto in quel modo, o quali sono le motivazioni, i limiti o le condizioni considerate in fase di codifica.

Capitolo 2

Tipi e operatori

In questo capitolo sono descritti i tipi di dato fondamentali di C. Insieme alle strutture di controllo che saranno presentate nel capitolo successivo, rappresentano il cuore del linguaggio.

Avere a disposizione diversi tipi di dato, di dimensioni differenti, consente di eseguire le operazioni relative alla memoria nel modo più efficiente possibile, sfruttando solo il numero di byte strettamente necessari.

Le operazioni che è possibile svolgere sui dati includono operazioni matematiche, logiche, di confronto, sui bit e altre. Costituiscono i mattoncini di base per la costruzione di espressioni di calcolo e controllo, elementi fondamentali per la costruzione di algoritmi e quindi di programmi software. Queste operazioni avvengono in C attraverso gli operatori, che saranno descritti più avanti in questo capitolo.

Tipi di dato

I tipi di dato fondamentali sono divisi sostanzialmente in due gruppi: numeri interi e numeri reali. Nel primo caso il valore può essere dotato o meno di segno ed è memorizzato in binario; nel secondo caso la memorizzazione avviene in formato esponenziale, con alcuni bit dedicati alla mantissa e altri all'esponente.

Caratteri

Il tipo di dato intero più piccolo disponibile in C è il carattere, che occupa un solo byte e consente di rappresentare l'insieme di simboli previsti nella tabella caratteri utilizzata nella macchina, che solitamente è lo standard ASCII. Per semplicità, d'ora in poi ipotizzeremo di aver a che fare solo con questo standard, che è quello più diffuso nel mondo dei micro computer.

La parola chiave per utilizzare questo tipo di dato è `char`. Per dichiarare un carattere senza segno si scrive `unsigned char`, mentre per dichiararne uno con segno si scrive `signed char`. Se si scrive solo `char` si intende che il carattere è con segno.

Un carattere con segno può assumere un valore numerico compreso tra -127 e 127. Un carattere senza segno può assumere i valori da 0 a 255; in questo caso il valore superiore è più ampio in quanto non viene "sprecato" un bit per il segno.

È chiaro che in memoria il carattere assume un valore numerico, rappresentato in binario, e che solo in fase di visualizzazione questo viene convertito in un carattere. Infatti è anche possibile visualizzare il contenuto di un carattere in formato ASCII o come numero: questa è una scelta del programmatore. Nella Figura 2.1 c'è un esempio di come viene rappresentato il carattere A.

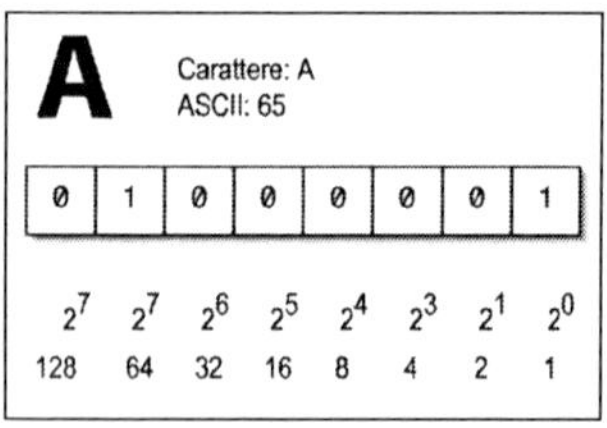

Figura 2.1 Un carattere in memoria è rappresentato come numero.

L'esempio seguente mostra come una stessa variabile può essere considerata in modo diverso:

```
#include <stdio.h>

int main ()
{
    char c = 65;

    printf("Stampo 'c' come carattere: %c\n", c);
    printf("Stampo 'c' come intero   : %d\n", c);

    return 0;
}
```

Una volta eseguito, questo programma produce il seguente output:

```
Stampo 'c' come carattere: A
Stampo 'c' come intero   : 65
```

La differenza di interpretazione del dato, in fase di stampa, è data dall'uso del segnaposto `%c` al posto di `%d`, che indica alla funzione `printf()` di interpretare il parametro in modo diverso.

Numeri interi

C definisce tre tipologie di dati interi, ciascuno di dimensioni differenti. C'è l'intero corto, composto dal numero più piccolo di byte, l'intero normale e l'intero lungo, il tipo di intero più capiente. Rispettivamente si dichiarano come segue:

```
short
int
long
```

In realtà si tratta di una abbreviazione di una dichiarazione più prolissa ma poco utilizzata, che è la seguente:

```
short int
int
long int
```

Come i caratteri, anche i tipi interi possono avere o meno il segno. Se non si specifica nulla, si intende che si desidera utilizzarlo. Le tre dichiarazioni sopra riportate sono quindi equivalenti alle seguenti:

```
signed short
signed int
signed long
```

Se si desidera avere a disposizione valori senza segno è possibile scrivere come segue:

```
unsigned short
unsigned int
unsigned long
```

Ovviamente in questo caso il valore massimo memorizzabile nelle variabili sarà superiore, poiché si potrà sfruttare anche il bit del segno.

La dimensione degli interi cambia in funzione del processore per cui viene compilato il codice. Per esempio, su macchine a 32 bit l'intero corto è di 16 bit, quello normale di 32 bit e quello lungo di 64 bit. Ma oggigiorno i computer a 64 bit si stanno diffondendo sempre di più e quindi le dimensioni degli interi su queste macchine potrebbero risultare duplicati. A ogni modo, lo standard ANSI definisce alcune dimensioni minime che questi tipi di dati devono rispettare. Il compilatore C deve quindi garantire almeno questi valori minimi, che sono riassunti in Tabella 2.1.

Tabella 2.1 Dimensioni minime e massime dei dati interi.

Tipo di dato	Minimo	Massimo
`signed short`	-32 767	+32 767
`signed int`	-32 767	+32 767
`signed long`	-2 147 483 647	+2 147 483 647
`unsigned short`	0	65 535
`unsigned int`	0	65 535
`unsigned long`	0	4 294 967 295

In C, i tipi di dati interi hanno lo scopo di sovrapporsi alla dimensione della parola (word) del processore presente nel computer, per poter progettare software in stretta correlazione con la piattaforma hardware utilizzata. Questo approccio differisce rispetto ad altri ambienti di programmazione, come .NET o Java, dove l'obbiettivo è invece avere software portabile senza modifiche e dove quindi le dimensioni degli interi sono predefinite e invariabili.

Numeri reali

Oltre agli interi, C definisce anche numeri reali, memorizzati attraverso la notazione esponenziale. Questa prevede l'uso di alcuni bit per rappresentare la mantissa e altri per l'esponente. Questo tipo di memorizzazione è anche detto *in virgola mobile*, perché permette di rappresentare numeri con valori anche altissimi utilizzando un numero di bit sostanzialmente contenuto. Se si usasse la notazione binaria per rappresentare un numero molto alto, per esempio astronomico, sarebbero necessari diversi byte. Con la virgola mobile si perde un po' in precisione, ma diventa possibile memorizzare in pochi byte valori molto grandi. Uno degli standard più utilizzati per l'elaborazione di numeri in virgola mobile è l'IEEE754. Questo consente di rappresentare anche numeri speciali come l'infinto positivo, l'infinito negativo e NaN (Not a Number). Il linguaggio C è stato sviluppato prima della definizione di questo standard, ma è molto probabile che il compilatore che state utilizzando lo supporti.

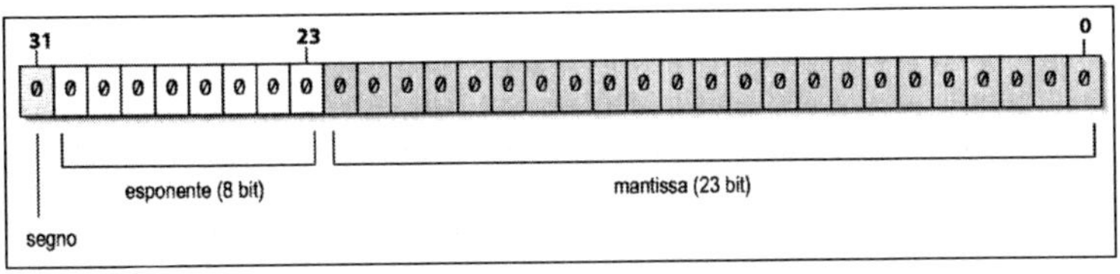

Figura 2.2 Formato di un numero a 32 bit codificato in IEEE754.

Nella Figura 2.2 è presente una rappresentazione grafica del formato di memorizzazione dei numeri nel caso si utilizzi un numero a *precisione singola*, che è composto da 32 bit. Il primo bit è occupato dal segno, a cui seguono 8 bit di esponente. I rimanenti 23 bit sono occupati dalla mantissa. Si noti che lo standard IEEE754 definisce diverse convenzioni particolari per cui per convertire un numero reale in binario non è sufficiente convertire in binario esponente e mantissa. A ogni modo, non è un problema che riguarda il programmatore, ma il compilatore.

C definisce tre tipi di dati in virgola mobile: a singola precisione, a doppia precisione e a quadrupla precisione. Rispettivamente, si dichiarano come segue:

```
float
double
long double
```

I numeri in virgola mobile non possono essere senza segno, quindi con questi tipi non è possibile utilizzare le parole chiave `signed` o `unsigned`. Su macchine a 32 bit solitamente la singola precisione corrisponde a 16 bit, quella doppia a 32 bit e quella quadrupla a 64 bit. Ma anche qui, le dimensioni possono variare in funzione del compilatore.

C non definisce nativamente un tipo di dato logico (o booleano), anche se è possibile simularlo in diversi modi. Questi sono descritti più avanti nel libro. Il metodo più utilizzato prevede l'impiego del preprocessore, descritto nel Capitolo 4.

Letterali

Il linguaggio C definisce alcune convenzioni per scrivere caratteri, numeri interi e in virgola mobile. Queste sono strettamente legate al tipo di dato specifico che si sta utilizzando. Per esempio, un intero corto e un intero lungo si scrivono quasi nello stesso modo, ma con un piccolo particolare che li differenzia e che rende possibile al compilatore capire esattamente il tipo di dato inteso dal programmatore.

Caratteri

Come si è visto nell'esempio precedente, è possibile specificare un carattere direttamente indicandone il numero corrispondente.

Per esempio:

```
char c = 65;
```

Si ottiene lo stesso risultato indicando direttamente il carattere tra due apici singoli, come nel caso seguente:

```
char c = 'A';
```

Il carattere che rappresenta la cifra 1 corrisponde al codice ASCII 49. Se si scrive `c = 1` *non si sta assegnando a* `c` *il carattere 1, ma il codice ASCII 1, che è un carattere speciale non stampabile che non ha niente a che vedere con il carattere 1. Per specificare il carattere 1 è necessario scrivere '1' oppure 49.*

Sequenze escape

Il set di caratteri ASCII ne prevede alcuni con scopi particolari, che possono essere inseriti nel codice sorgente C utilizzando come prefisso una barra rovesciata (`\`). Questi sono chiamati *sequenze di escape* e tacitamente sono già state utilizzate negli esempi presentati in precedenza. Negli esempi che fanno uso della funzione `printf()` si trova infatti spesso scritto `"\n"`. Questa è una sequenza di escape, che indica al sistema di andare a capo. In Tabella 2.2 è presente l'elenco delle sequenze di escape supportate dal set di caratteri ASCII.

Tabella 2.2 Sequenze di escape.

Sequenza	Nome	Significato
`\a`	Alert	Produce un avviso, solitamente uditivo.
`\b`	Backspace	Sposta il cursore indietro di una posizione.
`\f`	Form feed	Sposta il cursore all'inizio della pagina successiva.
`\n`	New line	Sposta il cursore all'inizio della riga successiva.
`\r`	Carriage return	Sposta il cursore all'inizio della riga corrente.
`\t`	Tab	Sposta il cursore alla prossima posizione di tabulazione orizzontale.
`\v`	Vertical tab	Sposta il cursore alla prossima posizione di tabulazione verticale.
`\'`		Produce un apice singolo.
`\"`		Produce un apice doppio.
`\?`		Produce un punto di domanda.
`\\`		Produce una barra rovesciata.
`\0`		Produce un carattere nullo. Questo ha un uso speciale con le stringhe, che vengono descritte nel Capitolo 9.
`\ddd`		Produce il carattere relativo al numero indicato. Questo deve essere scritto in notazione ottale. Per esempio, la lettera A, codice decimale 65, può essere scritta come \101.
`\xdd`		Produce il carattere relativo al numero indicato, che questa volta è scritto in esadecimale. Per esempio, la lettera A, codice decimale 65, può essere scritta come \x41.

Numeri interi

In generale, qualsiasi sequenza di cifre che non contiene virgole viene considerata un numero intero. Per differenziare la dimensione del tipo di dato e il fatto che sia presente o meno il segno si utilizzano dei suffissi speciali.

Sono i seguenti:

- per indicare che il numero è da considerare un intero lungo si scrive una 'L' alla fine del numero. Per esempio: `1234L`.
- per indicare che il numero è un intero corto senza segno si termina con una 'u' o 'U'. Per esempio: `1234u`.
- per indicare che il numero è un intero lungo senza segno si scrive alla fine 'ul' o 'UL'. Per esempio: `1234UL`.

Se il numero non ha suffissi, viene considerato un `int` con segno, a patto che questo tipo di dato, sulla piattaforma corrente, sia di sufficiente dimensione a contenerlo. Se non è così, viene considerato un `long` con segno.

Oltre che in decimale, è possibile specificare un numero in notazione ottale o esadecimale, due basi molto impiegate in informatica. Per indicare che un numero è espresso in ottale, si utilizza come prefisso uno zero. Per esempio, il numero seguente è considerato ottale: `0101`. Per esprimere numeri in esadecimale, invece, si usa come prefisso 0x o 0X. Per esempio 0xff è considerato un numero espresso in esadecimale.

Numeri reali

Se un numero contiene la virgola, rappresentata da un punto (.), viene considerato un numero in virgola mobile a doppia precisione (`double`). Un modo alternativo per specificare un numero decimale è attraverso l'impiego della notazione esponenziale, per esempio scrivendo `1,5e-2`. Anche nel caso dei numeri con la virgola è possibile utilizzare alcuni suffissi:

- per indicare che il numero è a precisione singola, e cioè `float`, si può aggiungere un 'f' o 'F' alla fine del numero. Per esempio: `12.34f`.
- per indicare che un numero è a quadrupla precisione, e cioè `long double`, è necessario che termini con un 'l' o 'L'. Per esempio: 12.34L.

Stringhe

Una stringa è una sequenza di caratteri delimitata da apici doppie. Queste sono già state utilizzate negli esempi di codice precedenti, per delimitare il testo da stampare. Un esempio di stringa è la seguente:

```
"Ecco una stringa"
```

Una stringa può anche essere vuota, in tal caso si scrive come segue:

```
""
```

In questo caso si dice che la stringa è lunga zero. Si noti che è possibile concatenare più stringhe in fase di compilazione, scrivendo nel codice in modo simile al seguente:

```
"Ecco" " una " "stringa"
```

Una stringa di lunghezza uno è composta da un solo carattere. Per esempio: "A". Non la si confonda però con il carattere 'A', in quanto caratteri e stringhe sono cose diverse.

Variabili

Le variabili sono riferimenti che consentono di accedere alla memoria del computer per poter memorizzare dati di input, output o il risultato di elaborazioni. Le variabili sono dichiarate nelle funzioni come nell' esempio di inizio capitolo, dove è stata dichiarata una variabile `c` di tipo carattere. Il valore delle variabili viene modificato durante l'esecuzione del programma.

Dichiarazione

Per poter utilizzare una variabile è necessario *dichiararla*, ovvero comunicare al compilatore che si intende utilizzare un dato di un certo tipo. Ciascuna variabile è identificata univocamente da un nome, i cui aspetti sono discussi nel paragrafo successivo. Per dichiarare una variabile è necessario specificarne il tipo, utilizzando le parole chiave descritte in precedenza. Per l'esattezza, si scrive prima il tipo e poi il nome. Per esempio:

```
int i;
int j;
int l;
char c;
char d;
```

C prevede anche la possibilità di dichiarare più variabili nella stessa riga scrivendone i nomi in un elenco. Questo stile di codifica rende più compatto il codice, anche se risulta più difficile da leggere.

Per esempio, le dichiarazioni sopra indicate possono essere riscritte come segue:

```
int i, j, l;
char c, d;
```

Sebbene questo secondo stile sia più compatto, è anche meno chiaro. Per semplificare la fase di manutenzione di un programma C è quindi più opportuno utilizzare il primo stile.

Costanti

Il concetto opposto delle variabili sono le costanti, che identificano dati che non possono essere modificati. Tutti i tipi di dati sopra descritti possono essere utilizzati per definire costanti, la cui dichiarazione è quasi identica a quella delle variabili. La sostanziale differenza tra le due tipologie è la presenza, per le costanti, della parola chiave `const`. Alcuni esempi:

```
const float PI = 3.14;
const int MAX_PRODOTTI = 5;
```

L'impiego di questa parola chiave non è il solo modo possibile per creare valori costanti. Più avanti ne verranno descritti altri due, che sfruttano rispettivamente la direttiva di preprocessore `#define` *e la parola chiave* `enum`.

Identificatori

Quando si sceglie il nome di una variabile è necessario considerare che C prevede determinate regole che vanno rispettate. Un nome, chiamato anche identificatore, può essere composto da:

- lettere maiuscole o minuscole;
- numeri;
- simbolo di underscore (_).

Un nome non può iniziare con un numero.

Altre regole sono:

- non è possibile utilizzare le parole chiave del linguaggio come nomi di variabili (si vedano gli appendici per un elenco delle parole chiave riservate).
- Il linguaggio C è sensibile alle maiuscole/minuscole, quindi l'identificatore `id` è diverso da `ID`.

Le regole per la scelta degli identificatori si applicano anche alle funzioni. Il nome di una funzione è infatti esso stesso un identificatore.

Quando si deve utilizzare un identificatore, è opportuno scegliere un nome significativo, di media lunghezza, che trasmetta lo scopo della variabile a chi sta leggendo il codice. Per esempio, si ipotizzi di dover iterare in un catalogo prodotti. La variabile che contiene l'indice potrebbe chiamarsi `indice_prodotto`. Un altro esempio: si consideri di dover calcolare l'importo totale di una fattura. In questo caso la variabile si potrebbe chiamare `importo_totale`.

Si noti che il numero massimo di caratteri per un identificatore è almeno 31, ma implementazioni recenti del compilatore potrebbero avere limiti differenti. Per esempio, il compilatore GNU non ha limiti di lunghezza degli identificatori.

Convenzioni di codifica

In merito agli identificatori (ma lo stesso vale in generale, in tutti i contesti informatici) si ha a che fare con due diversi livelli di regole per la scelta dei nomi, per la codifica, la documentazione e altro. Questi due livelli sono:

1. le regole dettate dallo standard che riguarda il linguaggio di programmazione. Queste sono inderogabili e costituiscono i requisiti fondamentali che il codice deve soddisfare.
2. Le convenzioni che i programmatori si danno autonomamente per utilizzare il linguaggio, una sorta di "decreto attuativo" che definisce i confini entro cui utilizzare gli strumenti messi a disposizione dal linguaggio.

Le regole del primo punto sono state descritte nel paragrafo precedente. Per quanto concerne il secondo aspetto, la prima cosa da notare è che nella lunga storia del linguaggio C si sono consolidate alcune prassi di codifica, che sono le seguenti:

- si utilizzano tutte lettere minuscole per le variabili e tutte maiuscole per le costanti;
- si utilizza l'undescore (_) per rendere più leggibili i nomi, separando i diversi termini presenti in uno stesso nome;
- in alternativa all'underscore è possibile utilizzare lettere maiuscole per evidenziare le iniziali delle parole successive. Questo è uno stile adottato dal linguaggio Java e si chiama CamelCase. Per esempio: `importoProdottoCorrente`.

Oltre a queste regole di base è opportuno citare la *notazione ungherese*, così chiamata per via della nazionalità del suo inventore, Charles Simonyi. Questa notazione è una convenzione di denominazione indipendente dal linguaggio, anche se ha avuto ampio sviluppo nel contesto del linguaggio C. Nella notazione ungherese un nome di variabile inizia con un prefisso composto da una o più lettere minuscole che rappresentano un codice parlante che descrive il tipo di dato o lo scopo della variabile. Dopo il prefisso si immette il nome della variabile scelto dal programmatore. Questi due elementi uniti sono scritti in CamelCase. Per esempio:

```
ulNumeroConto       /* unsigned long */
szDescrizione       /* stringa terminata da zero */
nDimensione         /* numero generico */
dwTipo              /* double word */
pIndirizzo          /* puntatore */
idName              /* identificativo */
```

Inizializzazione

Quando viene avviato un programma C, le variabili in esso dichiarate contengono dei valori imprecisati. Questo è dovuto al fatto che il compilatore si limita a riservare la memoria necessaria a contenere le singole variabili, ma non esegue alcuna operazione su di essa. Nello specifico, il valore non viene azzerato, come avviene in altri linguaggi come per esempio Java. Questo significa che quando si sviluppa il codice di una funzione è sempre necessario inizializzare la variabile o comunque considerare che il suo valore iniziale può non essere uguale a zero.

È possibile assegnare un valore alle variabili direttamente in fase di inizializzazione, utilizzando l'operatore di assegnazione. Per esempio:

```
long l = 5000000L;
char c = 'A';
int a = 356;
short s = 10;
```

Conversioni di tipo

Cosa succede quando si tenta di assegnare una variabile in virgola mobile a una intera? È una cosa possibile? Per prima cosa bisogna dire che l'assegnazione tra tipi diversi è sempre possibile, ma è regolata da un insieme di meccanismi specifici.

La conversione tra tipi di dati diversi è chiamata anche cast, *termine che si può tradurre in italiano, semplificando, come "conversione di tipo".*

Le tre regole principali in merito alla conversione di tipo sono le seguenti:

1. se un'espressione contiene operandi di tipo diverso, questi vengono convertiti automaticamente al tipo più grande utilizzato nell'espressione. Per esempio, se si somma un `int` e un `float`, l'`int` viene convertito in `float` e il risultato dell'espressione sarà di tipo `float`.
2. Espressioni che possono portare a perdita di informazione, come l'assegnazione di un `int` a un `char` vengono eseguite, ma il compilatore produce un messaggio di avviso in fase di compilazione, avvertendo il programmatore della potenziale pericolosità dell'operazione.
3. Quando si converte un numero in virgola mobile a un intero, la parte decimale viene scartata.

Alcuni esempi:

```
int a = 5;
char c = 3;
float f = 12.3f;
```

```
float g;
int j;

/* converte tutti gli operandi in float */
g = a + c + f;
/* produce un avviso in fase di compilazione */
j = a + c + f;
/* produce un avviso, j vale 12 */
j = f
```

Quando esposto è valido per i numeri reali e gli interi con segno. Quando si comincia a operare anche con interi senza segno le conversioni di tipo cominciano a seguire regole complesse e spesse volte dipendenti dal processore e dal compilatore in uso. In generale, con i numeri maggiori di zero non c'è problema. Infatti, se un intero con valore maggiore o uguale a zero viene assegnato a una variabile intera senza segno, questa assume il valore della prima. La situazione si complica quando si cerca di assegnare un valore minore di zero a una variabile senza segno. In questo caso il risultato è dipendente dalla piattaforma e solitamente corrisponde a un numero molto alto, che è il risultato non di una trasposizione logica del valore di partenza, che sarebbe impossibile, ma della conversione della rappresentazione interna binaria del dato. Questo consente di invertire l'operazione: quel numero molto grande, se assegnato a una variabile intera con segno, torna ad avere il valore negativo di partenza.

Per verificare cosa succede quando si mischiano interi con o senza segno, si guardi il listato seguente:

```
#include <stdio.h>

int main ()
{
    unsigned int a = 5;
    int b = -1;
    unsigned int c;
    int d;
    int e;

    c = b;
    d = a;
    e = c;
```

```
        printf("a = %u\n", a);
        printf("b = %d\n", b);
        printf("c = %u\n", c);
        printf("d = %d\n", d);
        printf("e = %d\n", e);

        return 0;
    }
```

L'output prodotto da questo programma (su Mac OS X su microprocessore G4) è il seguente:

```
a = 5
b = -1
c = 4294967295
d = 5
e = -1
```

Come si nota, nella variabile `c` è contenuto un valore decisamente alto, risultato della conversione in un tipo senza segno del valore -1. L'assegnazione di `c` alla variabile `e`, di tipo intero con segno, comporta che quest'ultima assuma di nuovo il valore negativo di partenza, -1.

Operatore di conversione

Per convertire esplicitamente dati in tipi diversi è possibile utilizzare l'operatore di conversione (anch'esso chiamato cast). Per esempio, è possibile utilizzare questo operatore per convertire un `double` in un `int`:

```
double d = 12.3;
int i;
i = (int)d;
```

In questo caso i vale 12 e non viene prodotto alcun avviso in fase di compilazione. È possibile anche eseguire l'operazione inversa:

```
int i = 5;
double d;
d = (int)i;
```

Operatori

Negli esempi mostrati in questo capitolo è stato fatto uso di operatori. In particolare, di quello di assegnazione, che consente di impostare una variabile a un determinato valore. Questo operatore corrisponde al simbolo =. Alcuni esempi sono i seguenti:

```
int i = 5;
j = i;
f = 1.5f;
d = 5.5;
```

Aritmetici

Gli operatori aritmetici consentono di realizzare le quattro operazioni di base e calcolare il resto di una divisione intera. Questi operatori sono riassunti in Tabella 2.3, dove sono presenti i due operandi a e b. Essi rappresentano valori letterali, espressioni o variabili di tipo carattere, intero o reale. Nel caso degli operatori % e %= gli operandi non possono essere di tipo reale.

Tabella 2.3 Operatori aritmetici.

Operatore	Esempio	Significato
+	a + b	Somma a e b.
-	a - b	Calcola la differenza tra a e b.
/	a / b	Divide a per b.
*	a * b	Moltiplica a per b.
%	a % b	Resto della divisione intera tra a e b.
+=	a += b	Assegna ad a la somma di a eb.
-=	a -= b	Toglie b da a.
/=	a /= b	Assegna ad a il risultato della divisione di a per b.
*=	a *= b	Assegna ad a il risultato della moltiplicazione tra a e b.
%=	a %= b	Assegna ad a il resto della divisione intera tra a e b.

Alcuni esempi di utilizzo degli operatori qui illustrati sono i seguenti:

```
b = a + 5;
y = a * x * x + b * x + c;
i *= 10;
```

Incremento e decremento

C offre anche operatori di incremento e decremento unitario, utili soprattutto nelle iterazioni. Questi operatori permettono di scrivere l'incremento del valore di una variabile di uno in modo più compatto. Per esempio, si consideri il seguente codice:

```
i = i + 1;
```

Può essere riscritto nel seguente modo:

```
i++;
```

È possibile posizionare l'operatore ++ prima o dopo la variabile (ma non è possibile utilizzarlo con espressioni). La riga precedente è quindi equivalente a questa:

```
++i;
```

È ovviamente possibile assegnare il risultato di un incremento unitario, come nell'esempio che segue:

```
int i = 5;
n = ++i;
```

Il valore di entrambe le variabili al termine dell'esecuzione di questa porzione di codice è 6. Se invece si scrive:

```
int i = 5;
n = i++;
```

La variabile `i` vale 6, ma `n` vale ancora 5. Questo è dovuto al fatto che l'operatore = ha precedenza sull'operatore ++.

Il compilatore esegue quindi prima l'assegnazione e solo in seguito l'incremento di una unità.

Per maggiori informazioni sulla precedenza degli operatori in generale, si consultino le appendici, dove è riportata una tabella che ne riassume associatività e precedenza.

Pariteticamente a ++, nel linguaggio è presente anche l'operatore --, che ha funzionamento identico, ma che decrementa la variabile di uno, invece che aumentarla.

Di confronto

Gli operatori di confronto consentono di specificare relazioni logiche tra operandi per capire se due valori sono uguali, diversi oppure se uno è maggiore dell'altro e viceversa. Nella Tabella 2.4 è presente un riassunto degli operatori di confronto del linguaggio.

Tabella 2.4 Operatori di confronto.

Operatore	Esempio	Significato
<	a < b	Inferiore di.
<=	a <= b	Inferiore o uguale a.
>	a > b	Maggiore di.
>=	a >= b	Maggiore o uguale a.
!=	a != b	Diverso da.
==	a == b	Uguale a.

Per verificare se una variabile è uguale a un'altra si utilizza il doppio uguale (==) e non il singolo uguale (=), che invece indica l'assegnazione. Siccome in una espressione di controllo è consentito inserire anche assegnazioni, uno degli errori più frequenti è dimenticare un uguale e assegnare un valore invece che confrontarlo.

Gli operatori di confronto sono utilizzati spesso nel controllo del flusso, che sarà oggetto del prossimo capitolo. Non esistendo in C i valori logici, il risultato di un'operazione di confronto è zero se non è verificata, oppure un valore diverso da zero se lo è. Si consideri il listato seguente:

```
#include <stdio.h>

int main ()
{
    int a = 5;

    printf("a > 6 = %d\n", a > 6);
    printf("a > 3 = %d\n", a > 3);

    return 0;
}
```

L'output di questo programma è il seguente:

```
a > 6 = 0
a > 3 = 1
```

Il valore di a è 5. Quindi l'espressione a > 6 è falsa, mentre a > 3 è vera. Infatti, come si vede dall'output nel primo caso viene ritornato zero, mentre nel secondo caso viene ritornato un valore diverso da zero e cioè 1.

Logici

Un'altra importante categoria di operatori è quella che si occupa di valori logici e che consente di costruire espressioni booleane. La particolarità di questi operatori, riassunta in Tabella 2.5, è che la valutazione degli operandi avviene in ordine sequenziale da sinistra a destra e si interrompe non appena il compilatore è in grado di determinare il risultato dell'operazione. Questo è utile quando si vuol condizionare l'esecuzione di parte del codice ad una effettiva necessità. Per esempio nel codice seguente la funzione `elabora()` non viene invocata perché il risultato di una AND è vero solo se sono veri entrambi gli operandi. Siccome `continua` è falso, in quanto uguale a zero, il valore di ritorno della funzione è ininfluente ai fini del risultato, quindi quetsa non viene invocata.

```
int risultato;
int continua = 0;

risultato = (continua && elabora());
```

Tabella 2.5 Operatori logici.

Operatore	Esempio	Significato
!	!a	Negazione logica.
&&	a && b	AND logico.
¦¦	a ¦¦ b	OR logico.

Sui bit

In memoria tutte le informazioni sono memorizzate come dati binari, indipendentemente dal fatto che poi vengano visualizzati come numeri in virgola mobile, caratteri o grafici. Il linguaggio C dispone di un discreto numero di operatori che permettono di eseguire elaborazioni sui singoli bit di una variabile di tipo intero. Questi operatori sono riassunti nella Tabella 2.6. Per un esempio pratico del funzionamento di questi operatori si osservi il listato seguente:

```
#include <stdio.h>

int main ()
{
      int a = 101;    /* 0000 0000 0110 0101 */
      int b = 91;     /* 0000 0000 0101 1011 */

      printf("a & b = %d\n", a & b);
      printf("a ¦ b = %d\n", a ¦ b);
      printf("a ^ b = %d\n", a ^ b);
      printf("~a    = %d\n", ~a);

      return 0;
}
```

L'output prodotto dal programma è il seguente (è stata aggiunta la rappresentazione binaria dei risultati per poter apprezzare come gli operatori hanno agito sui singoli bit):

```
a << 3 = 808        0000 0011 0010 1000
b >> 2 = 25         0000 0000 0001 1001
a & b  = 65         0000 0000 0100 0001
a ¦ b  = 127        0000 0000 0111 1111
a ^ b  = 62         0000 0000 0011 1110
~a     = -102       0000 0000 1001 1010
```

Altri

Gli operatori presenti nel linguaggio non si esauriscono però in questa breve rassegna. Ce ne sono diversi altri che coinvolgono per esempio vettori e puntatori, ma la cui descrizione è rimandata ai prossimi capitoli, quando verranno affrontati in dettaglio gli argomenti di competenza.

Tabella 2.6 Operatori sui bit.

Operatore	Esempio	Significato
<<	a << b	Scorrimento a sinistra di numero b bit.
<<=	a <<= b	Scorre a a sinistra di b bit e assegna il risultato ad a.
>>	a >> b	Scorrimento a destra di numero b bit.
>>=	a >>= b	Scorre a a destra di b bit e assegna il risultato ad a.
~	~a	Negazione dei singoli bit.
&	a & b	AND logico sui singoli bit: un bit è vero se è vero in entrambi gli operandi.
&=	a &= b	Assegna ad a il risultato dell'AND logico tra a e b.
¦	a ¦ b	OR logico sui singoli bit: un bit è vero se è vero in almeno uno degli operandi.
¦=	a ¦= b	Assegna ad a il risultato dell'OR logico tra a e b.
^	a ^ b	XOR logico sui singoli bit: un bit è vero se è vero in solo uno degli operandi.
^=	a ^= b	Assegna ad a il risultato dello XOR logico tra a e b.

Capitolo 3

Strutture di controllo

In questo capitolo vengono descritte le istruzioni presenti nel linguaggio C che consentono di gestire il controllo del flusso di esecuzione del programma. Questo aspetto è fondamentale per implementare gli algoritmi che compongono un'applicazione software in quanto permettono al programmatore di definire l'ordine di esecuzione delle istruzioni. Il linguaggio C è caratterizzato da un numero limitato di istruzioni per il controllo del flusso, che però garantiscono la possibilità di implementare qualsiasi algoritmo.

Salto condizionale

L'istruzione principale di controllo decisionale consente di valutare una espressione ed eseguire un primo blocco di istruzioni, se questa risulta vera, oppure un secondo blocco di istruzioni se l'espressione risulta falsa. Questa è l'istruzione `if`, la cui sintassi è la seguente:

```
if (espressione)
     istruzioni;
[else
     istruzioni;]
```

La parte relativa alla clausola `else` è facoltativa. Lo si comprende perché è racchiusa tra parentesi quadre, che non fanno parte dell'istruzione, ma che servono semplicemente a comunicare al lettore questa possibilità di scelta. Utilizzeremo questa convenzione anche in seguito.

Per esempio, è possibile utilizzare questa istruzione per determinare il valore maggiore tra due numeri:

```
int a = 5;
int b = 7;
int maggiore;
```

```
if (a > b)
    maggiore = a;
else
    maggiore = b;
```

Si noti che in ciascun blocco è possibile inserire più istruzioni. In questo caso è obbligatorio utilizzare le parentesi graffe per delimitare i singoli blocchi. Il codice seguente, oltre a determinare il maggiore tra due numeri determina anche il valore minore:

```
int a = 5;
int b = 7;
int maggiore;
int minore;

if (a > b)
{
    maggiore = a;
    minore = b;
}
else
{
    maggiore = b;
    minore = a;
}
```

Un altro if

Il linguaggio C definisce anche il cosiddetto *if in linea*. Questo è un operatore che consente di valutare un'espressione e fornire come risultato un valore determinato in base all'esito dell'espressione di controllo. La sintassi di questo operatore è la seguente:

```
(controllo) ? (espressione 1) : (espressione 2)
```

Se la condizione di controllo è vera viene ritornato il valore della prima espressione prima dei due punti. Diversamente, viene ritornato il valore dell'espressione dopo i due punti. Questo operatore si utilizza spesso con operazioni semplici, per esempio per determinare il maggiore di due interi:

```
r = (a > b) ? a : b;
```

Ad alcuni l'if in linea non piace, perché ritengono che complichi troppo il codice. È vero che non è un costrutto indispensabile: si può infatti sostituire sempre con una normale istruzione `if`*, ma in alcuni casi, in particolar modo quando l'espressione di controllo è abbastanza semplice, può addirittura aumentare la leggibilità del codice.*

Salti annidati

Un altro caso dove si utilizzano le parentesi graffe è quando è necessario annidare più istruzioni `if` ed è necessario chiarire a quale di queste appartiene la clausola `else`. Il programma che segue determina il valore maggiore tra `a` e `b` e lo memorizza nella variabile `maggiore`, ma tutto ciò avviene solo se la variabile `controlla` è vera, altrimenti a `maggiore` viene assegnato zero:

```
int controlla = 1;  /* eseguo il controllo ? */
int a = 5;
int b = 7;
int maggiore;

maggiore = b;

if (controlla)
     if (a > b)
             maggiore = a;
else
     maggiore = 0;
```

Ma c'è un problema con questa implementazione. Sebbene l'indentazione del codice suggerisca che la clausola `else` sia relativa alla istruzione che verifica il contenuto di `controlla`, in realtà è relativa alla seconda `if`, poichè è quella più vicina. Per ottenere il funzionamento voluto è necessario delimitare la seconda `if` tra parentesi graffe, come nella versione che segue:

```
int controlla = 1;  /* eseguo il controllo ? */
int a = 5;
int b = 7;
int maggiore;
```

```
maggiore = b;

if (controlla)
{
     if (a > b)
             maggiore = a;
}
else
     maggiore = 0;
```

Le parentesi graffe sono obbligatorie in caso siano presenti più istruzioni, ma è consigliabile utilizzarle sempre, anche quando l'istruzione da eseguire è una sola. Questo approccio migliora la leggibilità del software e riduce la possibilità di errori negli algoritmi complessi, dove potrebbero esserci più `if` *annidati.*

Salti concatenati

È usuale concatenare più istruzioni `if-else` per eseguire scelte multiple, con costrutti simili al seguente:

```
if (espressione)
     istruzioni;
else if (espressione)
     istruzioni;
else if (espressione)
     istruzioni;
else
     istruzioni;
```

Le espressioni vengono valutate in sequenza e vengono eseguite le istruzioni relative alla prima che si verifica. Se non se ne verifica nessuna, vengono eseguite le istruzioni relative alla ultima `else`.

Si noti che questo costrutto non è una sintassi apposita, ma un semplice concatenamento di più istruzioni `if` *di base.*

Per esempio, questo costrutto potrebbe servire per gestire la scelta di un utente a fronte di un menu di un programma, come nel caso del codice riportato nella pagina seguente.

```
#include <stdio.h>

/* omissis */

int main ()
{
    int scelta;

    printf("[1] Inserimento cliente\n");
    printf("[2] Modifica cliente\n");
    printf("[3] Elimina cliente\n");
    printf("[4] Fine\n");

    printf("\nScelta: ");
    scanf("%d", &scelta);

    if (scelta == 1) {
        inserimento();
    } else if (scelta == 2) {
        modifica();
    } else if (scelta == 3) {
        elimina();
    } else if (scelta == 4) {
        return 0;
    }
}
```

Scelta multipla

Un'altra istruzione che consente di implementare un salto condizionale è l'istruzione `switch`, che permette di eseguire blocchi di istruzioni diverse in funzione del valore di una espressione di controllo. La sintassi di questa istruzione è la seguente:

```
switch(espressione)
{
    case costante1:
        istruzioni;
    case costante2:
```

```
            istruzioni;
    case costante3:
            istruzioni;
    [default:
            istruzioni;]
}
```

Indubbiamente, la struttura di questa istruzione è più complessa di quelle viste in precedenza, ma in un certo senso non è altro che un modo diverso per esprimere in modo più compatto una serie di `if`, limitate però a una sola espressione di controllo.

L'istruzione `switch` valuta l'espressione da verificare, che può assumere solo valori interi, e li confronta con le costanti scritte dopo l'istruzione `case`. Ci possono essere diverse `case`, ma le costanti devono essere differenti. Quando viene trovata una costante che corrisponde al valore dell'espressione vengono eseguite le istruzioni in esso contenute. Se l'espressione ha un valore non contemplato in alcun `case`, vengono eseguite le istruzioni scritte dopo `default`, se questa è presente. Un esempio di utilizzo dell'istruzione `switch` è il seguente. Serve per stampare la descrizione del seme di una carta da gioco a partire da una sua rappresentazione numerica:

```
switch(seme)
{
    case 1:
            printf("cuori");
            break;
    case 2:
            printf("quadri");
            break;
    case 3:
            printf("fiori");
            break;
    case 4:
            printf("picche");
            break;
}
```

Si sarà notato che dopo ogni stampa è presente l'istruzione `break`. Questa indica al compilatore che al termine dell'esecuzione delle istruzioni presenti in un singolo `case` è necessario interrompere l'esecuzione dell'istruzione `switch`. Questo perché una volta entrato in un `case` poichè la costante equivale al valore dell'espressione di controllo, il flusso procede anche nelle `case` successive, indipendentemente dal valore costante in esse specificate.

Questo criterio ha vantaggi e svantaggi. Lo svantaggio principale è che è necessario ricordarsi di mettere l'istruzione `break` per terminare un blocco di istruzioni. Un vantaggio è invece la possibilità di esprimere condizioni composte, utilizzando una sequenza di `case` senza istruzioni, come nell'esempio seguente, che determina il numero di giorni di un mese:

```
switch (mese)
{
    case 1:
    case 3:
    case 5:
    case 7:
    case 8:
    case 10:
    case 12:
            giorni = 31;
            break;
    case 4:
    case 6:
    case 9:
    case 11:
            giorni = 30;
            break;
    case 2:
            /* per semplicita' non
             * consideriamo gli anni bisestili
             */
            giorni = 28;
            break;
    default:
            giorni = -1; /* valore non valido */
            break;
}.
```

I mesi sono codificati numericamente da 1 a 12. Come si nota dal codice, i mesi Aprile, Giugno, Settembre e Novembre, rispettivamente identificati dai mesi 4, 6, 9 e 11 portano tutti alla stessa assegnazione:

```
giorni = 30;
```

Strutture iterative

Le iterazioni, dette anche cicli, sono un elemento fondamentale nella programmazione strutturata perché consentono di eseguire più volte lo stesso gruppo di istruzioni, utilizzando una espressione di controllo che determina se il ciclo deve proseguire o interrompersi. Quest'ultima condizione è il più delle volte legata al verificarsi di un determinato evento specifico o al raggiungimento del numero di iterazioni preimpostate dal programmatore.

Ciclo while

Il tipo di iterazione più semplice presente nel linguaggio C è il ciclo `while`, la cui sintassi è la seguente:

```
while (espressione)
     istruzioni;
```

Il ciclo continua a ripetere le istruzioni fino a quando l'espressione di controllo è vera, ha cioè un valore diverso da zero. Per esempio, il programma seguente calcola la potenza di un numero. Eleva infatti il valore di `base` al valore di `esponente`, eseguendo il numero di moltiplicazioni richieste. L'espressione di controllo si basa sul valore dell'esponente, che a ogni iterazione viene decrementato, fino a quando non è stato eseguito il numero di iterazioni richiesto.

```
#include <stdio.h>

int main ()
{
     int base = 2;
     int esponente = 8;
     double risultato = 0;

     risultato = base;

     while( esponente > 1 )
```

```
        {
                risultato *= base;
                esponente--;
        }

        printf("%3.0f\n", risultato);
        return 0;
}
```

L'output del programma è il seguente:

```
256
```

Ciclo do

Questo ciclo è simile al precedente, con l'eccezione che l'espressione di controllo viene verificata al termine del blocco di istruzioni e non all'inizio. Questo tipo di struttura quindi ha una notevole differenza con la precedente, e cioè che viene eseguita almeno una iterazione. Con il ciclo `while`, infatti, se l'espressione di controllo è falsa, il ciclo non viene mai eseguito. Con il ciclo `do`, invece, il ciclo viene eseguito almeno una volta. La sua sintassi è la seguente:

```
do
     istruzioni
while (espressione);
```

L'esempio che segue mostra un tipico utilizzo di questo tipo di ciclo. Il programma non fa altro che richiedere la digitazione di un numero positivo, controllando che l'utente effettivamente non introduca numeri negativi:

```
#include <stdio.h>

int main ()
{
     int a;

     do {
             printf("Digita un numero positivo: ");
             scanf("%d", &a);
     } while( a <= 0 );

     return 0;
}
```

È ovvio che sia possibile implementare la stessa logica con un ciclo `while`, ma questo richiederebbe del codice più complesso. Semplicemente, il ciclo `do` è più adatto allo scopo.

Ciclo for

Questa struttura iterativa è la più completa e versatile presente nel linguaggio, in quanto consente al programmatore di specificare i tre elementi di base che controllano un ciclo in una posizione predefinita. La sua sintassi è la seguente:

```
for( inizializzazione; controllo; incremento )
     istruzioni;
```

dove:

- l'espressione di inizializzazione consente di eseguire l'elaborazione iniziale che imposta le variabili coinvolte nel ciclo ai valori opportuni.
- L'espressione di controllo viene valutata all'inizio di ogni iterazione. Il ciclo termina se è falsa.
- L'espressione di incremento viene eseguita al termine di ogni iterazione e contiene le operazioni che assegnano alle variabili il valore corretto per l'iterazione successiva.
- Le istruzioni vengono eseguite a ogni iterazione.

Per esempio, per stampare le cifre da 0 a 3 si può scrivere:

```
int i;
for( i = 0; i < 4; i++ )
     printf("%d\n", i);
```

L'output del programma è il seguente:

```
0
1
2
3
```

Tutte le espressioni del ciclo `for` sono opzionali. Per esempio, è possibile inizializzare le variabili al suo esterno e omettere quella parte nell'istruzione `for`. Si noti che però il punto e virgola (;) deve essere comunque presente, per permettere al compilatore di capire se una data espressione è l'inizializzazione, la condizione di controllo o l'espressione di incremento.

Per esempio, si può riscrivere l'esempio precedente come segue (l'output è il medesimo):

```
int i = 0;
for( ; i < 4; i++ )
     printf("%d\n", i);
```

Si può omettere anche l'espressione di incremento. Questa è una terza versione dello stesso programma:

```
int i = 0;
for( ; i < 4; )
     printf("%d\n", i++);
```

Un altro aspetto da considerare è che le espressioni di inizializzazione e incremento possono essere multiple. In questo caso sono separate da una virgola (,). Per esempio, il programma seguente stampa ancora i numeri da 0 a 3, ma contemporaneamente quelli da 3 a 0:

```
#include <stdio.h>

int main ()
{
     int i;
     int k;

     for(i = 0, k = 3 ; i < 4; i++, k-- )
          printf("%d %d\n", i, k);

     return 0;
}
```

L'output prodotto dal programma è il seguente:

```
0 3
1 2
2 1
3 0
```

Ma anche le istruzioni da eseguire sono opzionali. Se si desidera ometterle è sufficiente terminare l'istruzione con un punto e virgola (;). Per esempio, nel programma seguente viene calcolata la potenza di un numero utilizzando una unica istruzione `for`, scritta su tre righe. L'inizializzazione imposta a 1 il risultato, mentre a ogni iterazione viene eseguita la moltiplicazione e la diminuzione dell'esponente.

Il ciclo termina al raggiungimento del numero di calcoli richiesti:

```
#include <stdio.h>

int main ()
{
    int base = 2;
    int esponente = 8;
    double risultato;

    for( risultato = 1;
            esponente > 0;
            risultato *= base, esponente-- );

    printf("%3.0f\n", risultato);

    return 0;
}
```

Nell'istruzione `printf()` *presente nel codice è stata utilizzata per il segnaposto una sintassi un po' differente rispetto al passato. Troviamo infatti l'indicazione "%3.0f". Questa significa che si desidera che il numero sia composto da tre cifre prima della virgola e zero cifre dopo la virgola. Quindi, il numero occuperà sicuramente almeno tre spazi.*

Cicli annidati

È possibile inserire, nelle istruzioni di esecuzione di un ciclo, un ulteriore ciclo. In questo caso si parla di cicli annidati, dove quello più interno esegue il numero di volte previsto da quello più esterno. È possibile annidare quanti cicli si vogliono. Inoltre, al loro interno si possono inserire controlli di flusso e altri cicli. Questa è la logica della programmazione strutturata.

Nell'esempio seguente è riportato un programma che stampa le tabelline dall'uno al dieci, utilizzando due cicli `for` annidati.

```
#include <stdio.h>

int main ()
```

```
{
    int r;
    int c;

    for (r = 1; r <= 10; r++)
    {
        for (c = 1; c <= 10; c++)
        {
            printf("%3d ", r * c);
        }
        printf("\n");
    }

    return 0;
}
```

L'output del programma è il seguente:

```
  1   2   3   4   5   6   7   8   9  10
  2   4   6   8  10  12  14  16  18  20
  3   6   9  12  15  18  21  24  27  30
  4   8  12  16  20  24  28  32  36  40
  5  10  15  20  25  30  35  40  45  50
  6  12  18  24  30  36  42  48  54  60
  7  14  21  28  35  42  49  56  63  70
  8  16  24  32  40  48  56  64  72  80
  9  18  27  36  45  54  63  72  81  90
 10  20  30  40  50  60  70  80  90 100
```

Cicli infiniti

In alcuni casi capita che sia necessario utilizzare cicli infiniti. Queste iterazioni sono caratterizzate dal fatto che non terminano mai.

È possibile realizzare cicli infiniti con tutte le tipologie di iterazioni sopra descritte:

```
while(1) {
    /* istruzioni */
}
do {
    /* istruzioni */
```

```
} while(1);
for(;;)
{
	/* istruzioni */
}
```

In fase di sviluppo di un programma può succedere che, una volta lanciato, invece che l'output che ci si aspetta, questo sembri non finire mai. In tal caso, probabilmente il flusso di esecuzione è intrappolato in un ciclo infinito non desiderato. L'unica soluzione è quindi quella di interrompere il processo (con Task Manager su Windows o kill su Unix) e cercare il problema nel codice.

Interrompere un ciclo

Per interrompere un ciclo prima del tempo è possibile utilizzare l'istruzione `break`, già vista in precedenza in merito all'istruzione `switch`. L'interruzione prematura di un ciclo è utilizzata quando si verifica un evento particolare, oppure quando la logica di uscita dal ciclo è particolarmente complessa e non è pratico esprimerla con una espressione. In questo caso si imposta un ciclo infinito e si scrive la logica di uscita insieme alle istruzioni del corpo dell'iterazione. Per esempio, la logica di uscita da ciclo qui di seguito riportata è un po' complessa, e scriverla sottoforma di espressione sarebbe stato difficile. È stata quindi utilizzata l'istruzione `break`:

```
int i = 0;
do {
	/* altre istruzioni */

	if (i < 10)
	{
		if (controllaA())
		{
			break;
		}
	} else {
		if (controllaB())
		{
			break;
```

```
            }
        }
        i++;
    } while(1);
```

Si noti che `break`, in caso di cicli annidati, interrompe solo il ciclo più interno, mentre quelli più esterni continuano a essere eseguiti. Per esempio, questo simpatico programma stampa un triangolo composto da asterischi. Si noti come l'istruzione `break` interrompe la stampa della riga corrente se la colonna corrente è maggiore del numero di riga:

```
#include <stdio.h>

int main ()
{
    int r;
    int c;

    for (r = 1; r <= 10; r++)
    {
        for (c = 1; c <= 10; c++)
        {
            if (r < c)
            {
                break;
            }

            printf("* ");
        }
        printf("\n");
    }

    return 0;
}
```

Il risultato è il seguente:

```
*
* *
* * *
* * * *
* * * * *
```

```
* * * * * *
* * * * * * *
* * * * * * * *
* * * * * * * * *
* * * * * * * * * *
```

L'interruzione di un ciclo può avvenire anche per mezzo di una istruzione `return`. *Questa istruzione ha lo scopo di terminare la funzione corrente, e quindi con essa un eventuale ciclo. Se ne riparlerà in dettaglio nel Capitolo 5.*

Saltare all'iterazione successiva

La possibilità di non eseguire il blocco di istruzioni del ciclo per una certa iterazione, e passare immediatamente il controllo all'inizio dello stesso è un'altra opportunità che viene offerta dal linguaggio in merito alla gestione dei cicli. Questa operazione avviene invocando l'istruzione `continue`. Quello che succede poi è in funzione del tipo di ciclo. Nel caso del ciclo `for`, all'inizio c'è l'espressione di incremento, che viene eseguita, e l'espressione di controllo, che viene valutata per decidere se proseguire l'iterazione. Nel caso del ciclo `do`, all'inizio dello stesso non c'è nessun controllo né incremento, quindi il ciclo semplicemente riprende dall'inizio e le istruzioni in esso contenute vengono rieseguite. Nel caso del ciclo `while`, all'inizio di questo c'è un controllo, che viene valutato e che comporta il termine dell'iterazione, se l'espressione risulta falsa.

Qui riportato c'è un esempio molto simile al precedente, ma che utilizza `continue` e una espressione di controllo dell'`if` leggermente diversa. Questo consente di produrre un triangolo rovesciato rispetto al precedente:

```
#include <stdio.h>

int main ()
{
    int r;
    int c;

    for (r = 1; r <= 10; r++)
    {
```

```
                for (c = 1; c <= 10; c++)
                {
                        if (r > c)
                        {
                                continue;
                        }

                        printf("* ");
                }
                printf("\n");
        }

        return 0;
    }
```

L'output del programma è il seguente:

```
* * * * * * * * * *
* * * * * * * * *
* * * * * * * *
* * * * * * *
* * * * * *
* * * * *
* * * *
* * *
* *
*
```

Salti incondizionati

Il linguaggio C dispone anche dell'istruzione `goto`, che permette di saltare a una etichetta presente nel programma, di fatto realizzando un salto incondizionato. Questa istruzione non dovrebbe mai essere utilizzata, in quanto porta alla realizzazione di codice complesso e di difficile manutenzione. È un residuo della programmazione non strutturata che formalmente è inutile: qualsiasi algoritmo scritto con `goto` può essere infatti codificato anche senza questa istruzione.

In alcuni casi molto specifici, l'utilizzo di `goto` consente di risparmiare l'uso di ulteriori variabili o istruzioni, aspetto che potrebbe risultare utile quando si sta programmando per l'efficienza piuttosto che per la leggibilità. La sintassi del comando è la seguente:

```
goto etichetta;

/* omissis */

etichetta:
```

Capitolo 4

Il preprocessore

Come si ricorderà dalla lettura del primo capitolo, la fase di produzione di un eseguibile è suddivisa in diverse fasi. Tra le prime c'è il passaggio del sorgente attraverso il preprocessore, che esegue una prima organizzazione del codice che poi sarà effettivamente compilato. È già stata introdotta la direttiva principale del preprocessore, `#include`, in quanto è indispensabile per realizzare anche il programma più semplice. Ma le istruzioni disponibili sono numerose e vanno ben al di là della semplice inclusione di un file.

Simboli

Un aspetto fondamentale del preprocessore è la possibilità di definire simboli, a cui sono associati valori costanti. La definizione di un simbolo avviene attraverso l'istruzione `#define`, la cui sintassi è la seguente:

```
#define identificatore [valore]
```

Si noti che il valore è opzionale e che la riga non termina con punto e virgola (;). Per esempio, si può scrivere:

```
#define PI 3.14
#define VERSIONE 2
#define DEBUG
```

Quando il preprocessore incontra uno di questi simboli nel codice, sostituisce l'identificatore con il valore assegnato, se presente. Per esempio, il seguente programma definisce il simbolo `VERSIONE` a cui assegna il valore 2. Nella funzione `main()` questo valore viene poi stampato:

```
#include <stdio.h>

#define VERSIONE 2

int main ()
{
    printf(
```

```
        "La versione di questo programma e': %d\n",
        VERSIONE);

    return 0;
}
```

L'output del programma è il seguente:

```
La versione di questo programma e': 2
```

Si noti che il codice, una volta elaborato dal preprocessore, assume la seguente forma (all'inizio ci sono degli omissis perché si sarebbe dovuto riportare tutto il contenuto di `stdio.h`, che viene incluso nel sorgente nella prima riga di programma):

```
/* omissis */

int main ()
{
    printf(
      "La versione di questo programma e': %d\n", 2);

    return 0;
}
```

Solitamente questo risultato non viene visto dal programmatore, in quanto tutte le fasi che dal sorgente portano al compilato vengono svolte in automatico dal compilatore in modo sequenziale.

Per annullare la definizione di un simbolo è possibile utilizzare la parola chiave `#undef`. Per esempio:

```
#undef VERSIONE
```

Simboli predefiniti

Il preprocessore definisce alcuni simboli predefiniti, che è possibile utilizzare liberamente. Questi sono:

- `__LINE__`: numero di riga corrente.
- `__FILE__`: nome del file corrente.
- `__DATE__`: data di compilazione in formato stringa.
- `__TIME__`: ora di compilazione in formato stringa.

Operatori

Il preprocessore supporta due operatori che possono essere utili in fase di definizione di nuovi simboli. Questi sono:

- # racchiude un parametro tra doppi apici.
- ## concatena due parametri.

Il primo operatore indica al preprocessore di racchiudere un parametro tra doppi apici, trasformandolo di fatto in una stringa. Per esempio, si consideri il seguente simbolo:

```
#define STAMPA_STRINGA(x) printf(#x);
```

Il codice seguente:

```
STAMPA_STRINGA(Prova);
```

viene espanso come:

```
printf("Prova");
```

Il secondo operatore esegue un concatenamento. Per esempio:

```
#define UNISCI(x, y) x ## y
```

Il seguente codice:

```
UNISCI("Hello", " World");
```

viene espanso come:

```
"Hello World"
```

Controlli decisionali

Attraverso le istruzioni del preprocessore, il programmatore è in grado di decidere cosa deve essere incluso nel file sorgente che verrà compilato. Per poter esprimere queste scelte dispone di una serie di istruzioni di controllo simili a quelle descritte nel capitolo precedente. La struttura principale è la seguente:

```
#if espressione costante
    codice 1
#else
    codice 2
#endif
```

Se l'espressione di controllo è vera, nel codice sorgente che verrà compilato viene inclusa la prima sezione di codice, altrimenti viene inserita la seconda.

Per esempio, è possibile inserire il numero di versione del programma in base a una espressione costante:

```
#if VERSIONE = 1
    const int versione = 1;
#else
    const int versione = 2;
#endif
```

Le espressioni utilizzate dal preprocessore non hanno niente a che fare con quelle del programma principale. Il codice C viene eseguito solo quando si lancia il programma, mentre il preprocessore svolge la propria elaborazione prima ancora che il codice sia compilato.

Anche l'istruzione `#if` prevede la possibilità di concatenare i controlli, utilizzando la parola chiave `#elif`. La sintassi in questo caso diventa:

```
#if espressione costante
    codice
#elif espressione costante
    codice
#endif
```

Per esempio:

```
#if VERSIONE = 1
    const int versione = 1;
#elif VERSIONE = 2
    const int versione = 2;
#elif VERSIONE = 3
    const int versione = 2;
#endif
```

Se l'oggetto del controllo è la verifica della presenza o meno di un simbolo, indipendentemente dal suo valore, è possibile scrivere:

```
#if defined (simbolo)
```

oppure:

```
#if !defined (simbolo)
```

Questo consente di capire se il simbolo è definito o meno. Per una scrittura più compatta è possibile utilizzare le seguenti parole chiave, che sono rispettivamente equivalenti:

```
#ifdef simbolo
#ifndef simbolo
```

Un utilizzo classico di questi costrutti è quello di definire un simbolo solo se questo non è già stato definito. Per esempio:

```
#ifndef DEBUG
    #define DEBUG
#endif
```

Questo criterio convenzionale permette di avere la certezza di dichiarare un identificativo solo la prima volta. Questo è particolarmente utile quanto al simbolo è associato uno specifico valore.

Inclusione condizionale

Attraverso l'uso combinato delle direttive di controllo del flusso e la direttiva di inclusione è possibile decidere in fase di pre-elaborazione quali file di intestazione includere, per esempio per poter generare, a partire da uno stesso insieme di file sorgenti, versioni di programma compatibili con diversi sistemi operativi o piattaforme. Per esempio, il seguente codice include file di intestazione personalizzati in funzione dello specifico sistema operativo in uso:

```
#ifdef OSX
    #include "os/macosx.h"
#endif
#ifdef LINUX
    #include "os/linux.h"
#endif
#ifdef WINDOWS
    #include "os/windows.h"
#endif
```

Definire tipi boolani

Come accennato nel Capitolo 2, il linguaggio C non prevede il tipo di dato booleano, presente in altri linguaggio moderni come il C# o Java, sebbene esista il concetto di valore vero o falso. È possibile simulare i valori logici definendo delle costanti da impiegare nel programma quando necessario. Il codice seguente, contenuto nel file `boolean.h`, definisce questi simboli:

- `BOOL` e `BOOLEAN` che possono essere utilizzati indifferentemente per dichiarare variabili booleane.

- FALSE rappresenta il valore "falso".
- TRUE rappresenta il valore "vero". Sebbene in C qualsiasi valore diverso da zero è considerato vero, l'implementazione qui sotto rimbalza il problema al compilatore, poiché definisce semplicemente TRUE come "non FALSE". Questo approccio dovrebbe essere maggiormente indipendente dalla piattaforma.

Il codice sorgente è il seguente:

```
#ifndef _BOOLEAN_H

#define _BOOLEAN_H
#define BOOL int
#define BOOLEAN BOOL
#define FALSE 0
#define TRUE !FALSE

#endif
```

Il simbolo _BOOLEAN_H serve solamente come controllo, per fare in modo che il file boolean.h venga elaborato solo alla prima inclusione, anche nel caso venga referenziato più volte.

Si noti che è comune racchiudere ogni #define *in un* #ifndef*, per definire ciascun simbolo solo se effettivamente necessario.*

Un esempio molto semplice di utilizzo di questi simboli è il seguente:

```
#include <stdio.h>
#include "boolean.h">

int main()
{
    int n;
    BOOLEAN pari;

    printf("Digita un numero: ");
    scanf("%d", &n);

    pari = ((n % 2) == 0);
```

```
        if (pari == TRUE) {
                printf("Il numero e' pari\n");
        }
        if (pari == FALSE) {
                printf("Il numero e' dispari\n");
        }

        return 0;
}
```

La direttiva di inclusione del file `boolean.h` *delimita il nome del file con doppi apici, mentre quella che include* `stdio.h` *utilizza le parentesi angolate. Questa differenza è legata al meccanismo di ricerca del file da parte del compilatore. Nel primo caso, infatti, la ricerca avviene nelle directory di sistema che contengono la libreria del compilatore. Nel secondo caso, invece, la ricerca avviene nella directory corrente. Perché l'esempio funzioni, quindi, è necessario che sia il file C che quello di intestazione siano memorizzati nella stessa posizione sul disco.*

Macro

Con il preprocessore è possibile definire una specie di surrogato delle funzioni. In realtà non sono funzioni C, ma una sorta di "macro", che permettono di definire una volta sola e in un unico punto operazioni che si potrebbero ripetere. Alcuni esempi sono i seguenti. Rispettivamente, queste macro calcolano:

- la somma di due numeri.
- Il valore massimo tra due numeri.
- Il valore assoluto di un numero.
- Il coefficiente di variazione (in statistica è definito come la deviazione standard diviso il valore assoluto della media).

```
#define ADD(a, b) (a + b)
#define MAX(a, b) ( (a > b) ? a : b )
#define ABS(a) ( (a < 0) ? -a : a )
#define CV(media, dev_std) (dev_std / ABS(media))
```

È sempre consigliabile raccogliere l'espressione tra parentesi, perché non è dato sapere dove il preprocessore espanderà il simbolo. Potrebbe per esempio trovarsi in una espressione più complessa con operatori di maggior precedenza. Si consideri questo caso:

```
x = ADD(a, b) * ADD(c, d);
```

Il preprocessore espande questa linea di codice come:

```
x = (a + b) * (c + d);
```

Che è proprio quello che si intende ottenere. Se invece la macro `ADD()` fosse stata definita come segue:

```
#define ADD(a, b) a + b
```

Il preprocessore avrebbe tradotto la linea di codice sopra indicata con la seguente:

```
x = a + b * c + d;
```

Ma l'operazione di moltiplicazione ha precedenza su quella di somma (per le precedenze degli operatori si consulti l'appendice), quindi il compilatore avrebbe prima calcolato il prodotto tra `b` e `c` e solo in seguito le somme, di fatto modificando il funzionamento del codice in modo non desiderato.

Un altro aspetto interessante delle macro del preprocessore è che sono indipendenti dal tipo di dato. Nelle formule indicate, infatti, è possibile utilizzare parametri di tipi numerici diversi senza incorrere in problemi di compilazione, se non quelli relativi ai controlli insiti negli operatori utilizzati, descritti nel Capitolo 2.

Altre direttive

Il preprocessore supporta altre tre direttive, dall'uso più raro. La direttiva `#line` consente di forzare il numero di riga e il nome del file sorgente, per attività di ricerca di malfunzionamenti. La sintassi è la seguente:

```
#line numero-linea [nome-file]
```

Per esempio, si può scrivere:

```
#line 74 data.c
#line 33
```

La direttiva `#error`, invece, fa in modo che il compilatore si interrompa con un messaggio di errore specifico.

La sua sintassi è la seguente:

```
#error messaggio
```

Per esempio, si può utilizzare questa direttiva per indicare che la situazione non è quella che ci si aspetta:

```
#ifndef VERSIONE
#error E' necessario specificare la versione di
programma
#endif
```

Per concludere, la direttiva `#pragma` consente di passare una indicazione al compilatore, ma le sue opzioni sono dipendenti dalla specifica implementazione. Se la direttiva non è supportata, il compilatore la ignora. La sintassi è la seguente:

```
#pragma direttiva
```

Capitolo 5

Funzioni

Come spiegato nel primo capitolo, un programma scritto in C è un insieme di funzioni cooperanti, che possono essere distribuite su più file sorgenti. Tendenzialmente, le funzioni sono piccole e molto specializzate. Fanno una sola cosa, e ben definita. Questo aspetto è fondamentale perché le si possano riutilizzare all'interno dello stesso programma o in applicazioni diverse ed è un concetto valido non solo per la programmazione procedurale, ma anche per quella orientata agli oggetti.

Dichiarazione e implementazione

Per poter implementare una funzione è necessario dichiararla, utilizzando la seguente sintassi:

```
valore-di-ritorno nome( elenco-parametri )
{
     implementazione
}
```

dove:

- `valore-di-ritorno` è il tipo di dato restituito dalla funzione;
- `elenco-parametri` è l'elenco dei parametri passati alla funzione;
- `implementazione` è l'insieme del codice che compone il corpo della funzione.

Nella dichiarazione di una funzione l'unica parte indispensabile è il nome. Le altre possono essere omesse. Per esempio, la riga seguente dichiara una funzione di nome `f`, senza parametri e con implementazione vuota:

```
f() {}
```

Si noti che quando il tipo di ritorno non è specificato, si intende che la funzione ritorna `int`.

Una funzione dalla dichiarazione molto semplice, che è stata utilizzata ampiamente nei primi capitoli di questo libro, è `main()`. Come si ricorderà, ritorna un `int` e non ha parametri. Come vedremo più avanti, esiste anche un'altra versione di questa funzione, che invece prevede due parametri.

Un semplice esempio di funzione è il seguente:

```
double pow( float b, int e )
{
    double r;

    for( r = 1; e > 0; r *= b, e-- );

    return r;
}
```

Le variabili dichiarate all'interno di una funzione sono dette variabili automatiche, *perché l'allocazione della memoria necessaria a contenerle viene eseguita automaticamente dal compilatore.*

Questa funzione calcola la potenza di un numero in virgola mobile (funziona solo con esponenti maggiori di zero, per semplicità). L'elenco dei parametri ne prevede due, il primo di tipo `float` che si chiama `b` e il secondo di tipo int che si chiama `e`. Il valore di ritorno è di tipo `double`.

Le variabili dichiarate all'interno di una funzione sono visibili solo all'interno della stessa. Nell'esempio precedente, la variabile `r` *esiste solo fino al raggiungimento della fine della funzione. Oltre questo limite invalicabile, il simbolo* `r` *non ha significato per il compilatore e un tentativo di utilizzarlo produce un errore di compilazione. Durante l'esecuzione, quando la funzione termina l'esecuzione, la memoria allocata per contenere le variabili locali viene rilasciata e il suo contenuto non è più accessibile.*

Valori di ritorno

Come descritto nei precedenti capitoli, per restituire al chiamante il valore di ritorno si utilizza la parola chiave `return`. Si noti che il valore dell'espressione che segue questa istruzione viene convertita automaticamente nel tipo di dato di ritorno, seguendo le regole descritte nei capitoli precedenti. Se la funzione termina senza incontrare una istruzione `return`, il chiamante riceve un valore imprecisato. Comunque, questi può sempre ignorare il valore di ritorno.

Questo è il caso di funzioni il cui scopo principale non è quello di effettuare calcoli, ma quello di svolgere determinati compiti, come per esempio la stampa a video di un menu. Meglio ancora, è possibile definire che la funzione ha valore di ritorno `void`, che significa "nessun tipo". In questo caso l'uso dell'istruzione `return` è opzionale e, anche se presente, non prevede parametri. Un esempio è nel seguente listato:

```
#include <stdio.h>

void stampa_menu();

int main ()
{
     stampa_menu();
     return 0;
}

void stampa_menu()
{
     printf("[1] Inserimento\n");
     printf("[2] Ricerca\n");
     printf("[3] Modifica\n");
     printf("[4] Visualizzazione\n");
     printf("[5] Esci\n");

     return;
}
```

Chiamata a funzione

Si noti che per poter invocare una funzione è necessario prima fornirne la firma, e cioè il tipo di dato di ritorno, il nome e l'elenco dei parametri della funzione che si vuole utilizzare. Nello stesso modo in cui si include `stdio.h` nei file sorgenti per poter utilizzare la funzione `printf()`, allo stesso modo è necessario fornire in qualche modo la firma della funzione al compilatore, prima che questa venga utilizzata. Il modo più semplice è scriverla direttamente nel codice sorgente in un punto antecedente il suo primo utilizzo, come nel caso seguente:

```
#include <stdio.h>

double pow( float b, int e );

int main ()
{
    printf("2 alla quarta  : %10.0f\n", pow(2, 4) );
    printf("3 al cubo      : %10.0f\n", pow(3, 3) );
    printf("10 alla quinta : %10.0f\n", pow(10, 5) );

    return 0;
}
```

Il risultato di questo programma è il seguente:

```
2 alla quarta  :         16
3 al cubo      :         27
10 alla quinta :     100000
```

Si noti che la firma della funzione, detta anche prototipo, è identica alla prima riga della dichiarazione della funzione, ma termina con un punto e virgola e ovviamente non contiene l'implementazione.

Parametri

Nella funzione `pow()` prima presentata erano presenti due parametri, che vengono utilizzati nell'implementazione. Questi, oltre a essere letti, vengono anche modificati. Significa quindi che nel seguente codice le variabili base ed esponente vengono modificate?

```
float base = 2;
int esponente = 5;
double r;

r = pow( base, esponente);
```

La risposta è no, perché il valore delle variabili passate come parametri viene copiato in una zona di memoria diversa, a cui è possibile accedere, dall'interno della funzione, utilizzando i nomi dei parametri (Figura 5.1). In questo modo viene garantito un certo isolamento tra il codice presente nella funzione e quello chiamante.

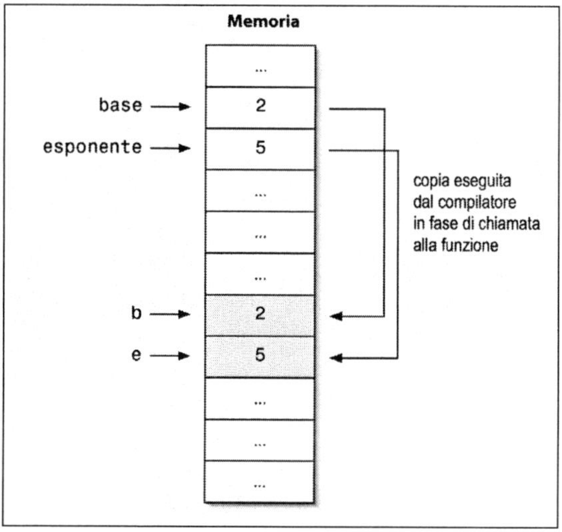

Figura 5.1 Utilizzo della memoria in fase di chiamata a funzione.

Se si pensa di utilizzare pesantemente un parametro, ma anche una variabile locale, è possibile indicare al compilatore di trattarla in modo speciale. Con la parola chiave `register` è possibile infatti suggerire al compilatore di non utilizzare la memoria convenzionale del sistema, ma di impiegare uno dei registri del microprocessore, il che è notevolmente meglio in termini di performance. Questo, però, è solo un suggerimento del programmatore al compilatore, che dovrà verificare poi in fase di creazione del codice oggetto se è possibile concretamente fare uso di un registro o meno. Ovviamente questo è un aspetto legato all'architettura del processore per cui si sta compilando il codice, in quanto il numero e la dimensione dei registri variano in funzione del chip utilizzato.

Ecco un esempio. È la funzione `pow()` modificata per fare uso dei registri per i parametri e la variabile di calcolo:

```
double pow( register float b, register int e )
{
    register double r;
```

```
        for( r = 1; e > 0; r *= b, e-- );

        return r;
    }
```

I parametri possono anche essere costanti, dichiarazione che avviene attraverso la parola chiave `const`. *Il loro contenuto non potrà dunque essere modificato dal codice presente all'interno della funzione. Questo controllo avviene in fase di compilazione ed è molto utile per individuare errori logici nel programma. Per esempio, può succedere che per errore si utilizzi un parametro di solo input per eseguire elaborazioni all'interno della funzione. In questo caso, se il parametro è dichiarato* `const`, *il compilatore segnala un errore in corrispondenza del codice che manipola il valore del parametro.*

File di intestazione

Se si pensa di voler riutilizzare la funzione anche in altri programmi può essere utile salvare la sua dichiarazione in un file di intestazione da includere ogni qual volta che è richiesta quella data funzione. Ovviamente, sarà anche necessario fornire al compilatore il codice sorgente o la libreria che contiene l'implementazione della funzione.

È raro che ci sia un riutilizzo di funzioni singole. Si tende infatti a raccoglierne un certo numero, che condividano un argomento comune, ed a inserirle in librerie specifiche. In questo modo nascono librerie di funzioni per la matematica, la statistica, ecc.

Ecco come potrebbe presentarsi un file di intestazione per la funzione di elevamento a potenza prima descritta (potrebbe essere memorizzata nel file `potenza.h`):

```
#ifndef _POTENZA_H
#define _POTENZA_H

double pow( float b, int e );

#endif
```

A questo punto il file principale dovrebbe includere il file di intestazione (si noti l'inclusione del file di intestazione in corrispondenza della seconda riga del programma):

```
#include <stdio.h>
#include "potenza.h"

int main ()
{
     printf("2 alla quarta   : %10.0f\n", pow(2, 4) );
     printf("3 al cubo       : %10.0f\n", pow(3, 3) );
     printf("10 alla quinta : %10.0f\n", pow(10, 5) );

     return 0;
}
```

Variabili esterne

Fino a ora sono state trattate solo variabili locali a funzioni. Questa tipologia è sufficiente per implementare un qualsiasi programma, in quanto la comunicazione dati tra le diverse funzioni può avvenire esclusivamente tramite valori di ritorno e passaggio di parametri. Ma quando i dati sono numerosi questo approccio diventa poco pratico. Il linguaggio C dispone anche della possibilità di definire variabili utilizzabili da tutte le funzioni del programma. Sono le variabili esterne, e si dichiarano semplicemente scrivendone la dichiarazione, utilizzando la consueta sintassi, all'esterno di qualsiasi funzione. Un esempio è illustrato nel listato seguente, dove c'è una sola variabile esterna, `valore_corrente`, che contiene lo stato di una calcolatrice. Le diverse funzioni di gestione consentono di variare lo stato azzerandolo, sommando o sottraendo un valore a questo stato. Il codice è il seguente:

```
#include <stdio.h>

void azzera();
void somma(double v);
void sottrai(double v);

double valore_corrente;

int main ()
```

```
{
    azzera();
    somma(5);
    somma(27);
    sottrai(4);

    printf("valore_corrente = %5.3f\n",
           valore_corrente);

    return 0;
}

void azzera()
{
    valore_corrente = 0;
}

void somma(double v)
{
    valore_corrente += v;
}

void sottrai(double v)
{
    valore_corrente -= v;
}
```

L'output prodotto dal programma è il seguente:

```
valore_corrente = 28.000
```

Lo stato delle variabili esterne è mantenuto per tutta l'esecuzione del programma e può essere modificato da qualsiasi funzione dell'applicazione, anche se definita in un file diverso.

È sufficiente che nel file che contiene le funzioni che desiderano utilizzare le variabili esterne dichiarate in un altro modulo ci sia una indicazione del fatto che si vuole accedere a queste variabili esterne. Questa indicazione avviene utilizzando la parola chiave `extern`.

Vediamo un esempio concreto estendendo il programma precedente per includere anche le funzioni `moltiplica()` e `dividi()`, definite in un altro file sorgente.

Il programma principale è memorizzato nel file `Esterne2a.c` e il suo contenuto è il seguente.

```
#include <stdio.h>

void azzera();
void somma(double v);
void sottrai(double v);
void moltiplica(double v);
void dividi(double v);

double valore_corrente;

int main ()
{
    azzera();
    somma(5);
    somma(27);
    sottrai(4);

    moltiplica(3);
    dividi(7);

    printf("valore_corrente = %5.3f\n",
           valore_corrente);

    return 0;
}

void azzera()
{
    valore_corrente = 0;
}

void somma(double v)
{
    valore_corrente += v;
}
```

```
void sottrai(double v)
{
     valore_corrente -= v;
}
```

Si noti la presenza dei prototipi delle funzioni aggiunte, ma la mancanza della relativa implementazione, che si trova nel file `Esterne2b.c`. Il contenuto di questo file è il seguente:

```
#include <stdio.h>

extern double valore_corrente;

void moltiplica(double v)
{
     valore_corrente *= v;
}
void dividi(double v)
{
     valore_corrente *= v;
}
```

La variabile esterna del modulo principale è dichiarata esattamente come nel listato precedente, ma con l'aggiunta della parola chiave `extern`. Per compilare questi due moduli sorgente su sistemi operativi di tipo Unix è possibile utilizzare il seguente comando:

```
$ cc Esterne2a.c Esterne2b.c -o Esterne2
```

Come si nota, vengono passati come parametro al compilatore i nomi di tutti i file sorgenti da compilare e viene assegnato come nome di eseguibile `Esterne2`. L'output del programma è il seguente:

```
valore_corrente = 588.000
```

È possibile inizializzare le variabili esterne utilizzando la consueta sintassi, ma solo nel file in cui è presente la dichiarazione principale.

Esterne di modulo

Se si desidera che le variabili esterne di un modulo siano visibili solamente al modulo in cui sono dichiarate e non possano in alcun modo essere modificate o lette da altri moduli del programma, è possibile dichiararle statiche. La possibilità di nascondere variabili esterne ad altri moduli è importante per separare logicamente i diversi file sorgente e le funzioni che contengono. Per esempio, si ipotizzi di aver realizzato un modulo con una serie di funzioni di calcolo statistico, che utilizzano variabili esterne per condividere la popolazione di dati su cui vengono eseguiti i calcoli. Si potrebbero dichiarare queste variabili statiche, per fare in modo che un modulo esterno non possa manipolare i dati di partenza e quindi provocare eventuali malfunzionamenti nelle funzioni di calcolo. Per dichiarare una variabile esterna statica si utilizza la parola chiave `static`. Per esempio:

```
static char c = '0';
static int i = 5;
static double r;
```

Variabili persistenti

La parola chiave `static` può essere utilizzata anche con le variabili automatiche. In questo contesto indica che il valore della variabile è mantenuto tra una chiamata e l'altra della funzione. Per capire meglio questo concetto si guardi il listato seguente, che contiene una funzione che incrementa una variabile interna e statica del valore specificato per la costante PASSO. Questa funzione viene chiamata cinque volte e ogni volta viene ritornato il valore corrente del contatore:

```
#include <stdio.h>

#define PASSO 3

int main ()
{
    int i;

    for(i = 0; i < 5; i++ )
    {
            printf("%d. %d\n", i, incrementa());
    }

    return 0;
}
```

```
incrementa()
{
     static counter = 0;
     counter += PASSO;
     return counter;
}
```

Si noti che la funzione `incrementa()` *è stata invocata da* `main()` *senza prima essere stata definita. Questo è possibile perché ritorna un valore* `int` *(infatti nella dichiarazione della funzione il valore di ritorno è omesso e quindi assume quello di default, appunto* `int`*). In questo caso la funzione può anche non essere dichiarata, anche se per chiarezza e uniformità del codice questo dovrebbe sempre avvenire.*

L'output del programma è il seguente. Come si nota, la variabile `counter` continua a crescere e non viene reinizializzata a ogni chiamata a funzione:

```
0. 3
1. 6
2. 9
3. 12
4. 15
```

Ricorsione

Il concetto di ricorsione non è specifico della sintassi del linguaggio C ma è molto importante in generale e vale la pena di trattarlo. Per *ricorsione* si intende il fatto che una funzione richiama se stessa. Questo concetto apparentemente semplice nasconde in realtà due aspetti molto importanti.

- In alcuni casi specifici, attraverso la ricorsione è possibile ottenere una implementazione molto più compatta rispetto a quella che impiega la forma iterativa.
- La ricorsione richiede molta memoria, perché a ogni chiamata devono essere allocate tutte le variabili automatiche richieste dalla funzione. È dunque necessario porre molta attenzione al numero di ricorsioni che un algoritmo potrebbe fare e al numero di variabili locali in esso dichiarate.

Un tipico algoritmo che si presta bene a essere implementato in modo ricorsivo è quello per il calcolo dei numeri di Fibonacci. In questa successione numerica, il valore dell'elemento successivo è dato dalla somma dei due precedenti. La successione inizia così:

```
0 1 1 2 3 5 8 13 21 34 55 89 144 233
```

infatti:

```
0 + 1 = 1
1 + 1 = 2
1 + 2 = 3
2 + 3 = 5
5 + 8 = 13
ecc
```

Fibonacci fu un matematico pisano del tredicesimo secolo che scoprì questa sequenza cercando una legge che descrivesse la crescita di una popolazione di conigli. Ne uscì questa successione numerica, che ha una serie di proprietà notevoli e si ritrova spesso in fenomeni naturali. Per esempio, il numero dei petali di un fiore è spesso un numero di Fibonacci.

Una semplice implementazione ricorsiva dei numeri di Fibonacci è presente nel programma seguente, che ha lo scopo di stampare i primi 14 numeri di questa sequenza numerica, esattamente quelli mostrati a inizio pagina:

```
#include <stdio.h>

long fibonacci(long n);

int main ()
{
    int i;

    for(i = 0; i < 14; i++ )
    {
            printf("%d ", fibonacci(i) );
    }
    printf("\n");
    return 0;
}
```

```
long fibonacci(long n)
{
    return n <= 1 ? n :
            fibonacci(n-1) + fibonacci(n-2);
}
```

Come si nota, la funzione `fibonacci()` è composta da una sola riga. Funziona come segue: se il numero richiesto è minore o uguale a 1, ritorna il numero stesso (la funzione F() in matematica indica la funzione di Fibonacci):

```
F(0) = 0
F(1) = 1
```

se invece il numero richiesto è maggiore di uno, il risultato è definito dalla formula matematica seguente:

```
F(n) = F(n-1) + F(n-2)
```

per esempio, per determinare il numero 2 di Fibonacci risulterebbe:

```
F(2) = F(1) + F(0)
```

svolgendo gli operandi a destra risulta:

```
F(1) = 1
F(0) = 0
```

quindi:

```
F(2) = 0 + 1 = 1.
```

Capitolo 6

Vettori

Il vettore è una struttura di dati molto semplice composta da un numero predeterminato di variabili del medesimo tipo a cui è possibile accedere utilizzando uno stesso nome di variabile.

Per operare con i vettori, sia per la fase di dichiarazione e di inizializzazione, sia di accesso in lettura o scrittura si utilizza l'operatore `[]`.

I vettori sono fondamentali in quanto consentono di realizzare algoritmi in modo efficiente, soprattutto se sono iterativi. Questo perché per riferirsi a più locazioni di memoria è possibile utilizzare un indice numerico, invece che variabili con nomi diversi.

Gli indici dei vettori iniziano da zero, cifra che identifica il primo elemento. Quelli successivi sono numerati progressivamente.

Dichiarazione

La dichiarazione di un vettore avviene specificando il tipo di variabile che si intende utilizzare a cui si fa seguire il numero di elementi che deve contenere. Per esempio, la riga di codice seguente dichiara un vettore di dieci interi:

```
int v[ 10 ];
```

Questa dichiarazione produce l'allocazione di memoria descritta in Figura 6.1. Lo stato iniziale delle locazioni riservate dalla dichiarazione sono imprecisate. Per questo motivo è necessario inizializzare il vettore, prima di poterlo utilizzare.

Spesso si utilizzano costanti simboliche per definire la dimensione del vettore. Per esempio, per esprimere la stessa dichiarazione prima presentata si può scrivere:

```
#define SIZE 10
int v[ SIZE ];
```

In questo modo il codice è più scalabile, perché per cambiare la dimensione del vettore è sufficiente modificare la riga che contiene l'istruzione #define. In questo modo la variazione si propaga automaticamente nel resto del codice.

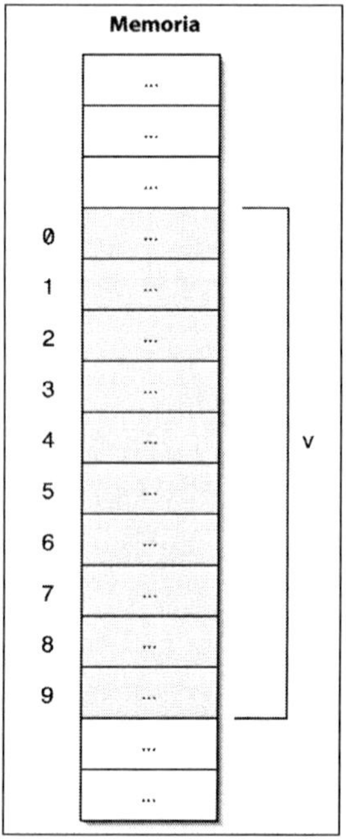

Figura 6.1 Un vettore è un insieme di locazioni di memoria contigue.

Accesso

Per accedere ai singoli elementi di un vettore è necessario indicare il nome della variabile, seguita dalle parentesi quadre, tra le quali si indica l'indice dell'elemento che si desidera. Si ricordi che il primo elemento ha indice zero. Per esempio, per assegnare al terzo elemento del vettore il valore 5, si scrive:

```
v[ 2 ] = 5;
```

L'accesso in lettura avviene allo stesso modo. Per esempio, per assegnare a una variabile il valore del terzo elemento del vettore si scrive:

```
a = v[ 2 ];
```

Inizializzazione

Come detto, lo stato iniziale degli elementi di un vettore non è definito. Quindi, prima di impiegare un vettore, generalmente lo si inizializza, per esempio assegnando a ogni elemento il valore zero.

Il programma seguente esegue proprio questa attività, chiamando poi la funzione `stampa()` per produrre a video il contenuto del vettore:

```
#include <stdio.h>

void stampa(int v[]);

int main () {
     int v[10];
     int i;

     for( i = 0; i < 10; i++ )
     {
             v[ i ] = 0;
     }

     stampa(v);

     return 0;
}

void stampa(int v[])
{
     int i;

     printf("Indici = ");

     for( i = 0; i < 10; i++ )
     {
             printf("%3d ", i );
     }

     printf("\n");
     printf("Valori = ");
```

```
        for( i = 0; i < 10; i++ )
        {
                printf("%3d ", v[ i ] );
        }

        printf("\n");
    }
```

L'output di questo programma è il seguente:

```
    Indici =   0   1   2   3   4   5   6   7   8   9
    Valori =   0   0   0   0   0   0   0   0   0   0
```

Inizializzazione in linea

L'inizializzazione può avvenire anche in linea, contestualmente alla dichiarazione. È sufficiente far seguire un elenco di valori delimitati da parentesi graffe e separati da virgole. Per esempio:

```
#include <stdio.h>

void stampa(int v[]);

int main () {
    int v[10] =
            { 2, 3, 5, 7, 11, 13, 17, 19, 23, 29 };

    stampa(v);

    return 0;
}
```

L'output del programma è il seguente:

```
    Indici =   0   1   2   3   4   5   6   7   8   9
    Valori =   2   3   5   7  11  13  17  19  23  29
```

Se il numero di elementi nell'elenco di inizializzazione è minore della dimensione specificata del vettore, gli elementi rimanenti vengono azzerati. Per esempio, la riga di codice seguente inizializza solo i primi tre elementi:

```
int v[10] = { 2, 3, 5 };
```

Il contenuto della memoria è:

```
Indici =  0  1  2  3  4  5  6  7  8  9
Valori =  2  3  5  0  0  0  0  0  0  0
```

Se invece il numero di elementi presenti nell'elenco di inizializzazione è superiore alla dimensione specificata, si genera un errore di compilazione. Se il vettore è dichiarato con una lista di inizializzazione, è possibile omettere la specifica del numero di elementi.

Per esempio:

```
int v[] = { 2, 3, 5};
```

In questo caso il vettore creato avrà il numero di elementi contenuti nell'elenco di inizializzazione.

Passaggio a funzione

Come normali variabili, anche i vettori possono essere passati come parametri alle funzioni. C'è però una sostanziale differenza tra come vengono trattati vettori e variabili. Come è stato descritto nel capitolo precedente, i parametri sono passati per valore. Una modifica al valore di un parametro non produce nessun cambiamento nella variabile della funzione chiamante. Nel caso dei vettori, invece, il passaggio avviene per *riferimento*. Nella funzione chiamata viene passato quindi un riferimento alla memoria che contiene il vettore originale. Quindi il vettore ricevuto dalla funzione è un riferimento alla stessa area di memoria del vettore del chiamante. Di conseguenza, se una funzione modifica uno o più elementi del vettore che riceve come parametro, questa variazione viene avvertita anche dalla funzione chiamante.

L'esempio seguente mostra un esempio:

```
#include <stdio.h>

void stampa(int v[]);

int main () {
    int v[10] =
            { 2, 3, 5, 7, 11, 13, 17, 19, 23, 29 };

    stampa(v);

    modifica(v, 3, 99);
```

```
        printf("\n");

        stampa(v);

        return 0;
    }

    modifica(int v[], int i, int n)
    {
        v[ i ] = n;
    }
```

La funzione `modifica()` si aspetta tre parametri: il vettore da modificare, il numero di elemento da cambiare e il valore da assegnare. L'output del programma è il seguente:

```
Indici =  0  1  2  3   4   5   6   7   8   9
Valori =  2  3  5  7  11  13  17  19  23  29

Indici =  0  1  2  3   4   5   6   7   8   9
Valori =  2  3  5 99  11  13  17  19  23  29
```

Come si nota, il quarto elemento (ultima riga dell'output) vale 99.

Vettori e statistica

Per capire meglio come operare con i vettori, verranno ora mostrate alcune funzioni per il calcolo statistico sui numeri presenti in un vettore. Per la precisione saranno implementate:

- la sommatoria;
- la media;
- determinazione del valore massimo;
- determinazione del valore minimo.

Il programma principale è il seguente:

```
#include <stdio.h>

long sommatoria(int v[]);
float media(int v[]);
```

```
int main () {
    int v[10] =
          { 2, 3, 5, 7, 11, 13, 17, 19, 23, 29 };

    printf("Sommatoria : %5d\n", sommatoria(v));
    printf("Media      : %5.2f\n", media(v));
    printf("Massimo    : %5d\n", max(v));
    printf("Minimo     : %5d\n", min(v));

    return 0;
}
```

La funzione per il calcolo della sommatoria non fa altro che iterare sugli elementi del vettore e sommare alla variabile temporanea s il valore dell'elemento corrente. Non dovrebbe essere troppo complesso seguire la logica di questo ciclo, in quanto una forma simile è stata già descritta nel Capitolo 3:

```
long sommatoria(int v[])
{
    int i;
    long s;

    for( i = 0, s = 0; i < 10; s += v[ i++ ] );

    return s;
}
```

Il calcolo della media è espresso semplicemente dividendo la sommatoria per il numero di elementi:

```
float media(int v[])
{
    return sommatoria(v) / 10;
}
```

La determinazione del valore massimo avviene iterando su ogni elemento del vettore. Se siamo al primo elemento, il valore massimo impostato è il valore del primo elemento. Altrimenti, se il valore dell'elemento corrente è più alto, viene assegnato al valore massimo.

```
max(int v[])
{
    int i, m;
```

```
        for( i = 0, m = 0; i < 10; i++)
        {
                if (i == 0)
                {
                        m = v[ i ];
                }
                else
                {
                        m = (v[ i ] > m) ? v[ i ] : m;
                }
        }
        return m;
    }
```

Il calcolo del valore minimo funziona in modo similare, ma ovviamente cerca il valore minimo invece che quello massimo:

```
    min(int v[])
    {
        int i, m;
        for( i = 0, m = 0; i < 10; i++)
        {
                if (i == 0)
                {
                        m = v[ i ];
                }
                else
                {
                        m = (v[ i ] < m) ? v[ i ] : m;
                }
        }
        return m;
    }
```

L'output del programma è il seguente:

```
    Sommatoria :   129
    Media      : 12.00
    Massimo    :    29
    Minimo     :     2
```

Inversione

Il programma descritto in questo paragrafo inverte il contenuto del vettore. Il primo elemento diventa l'ultimo, il secondo il penultimo e così via. La prima iterazione è descritta in Figura 6.2.

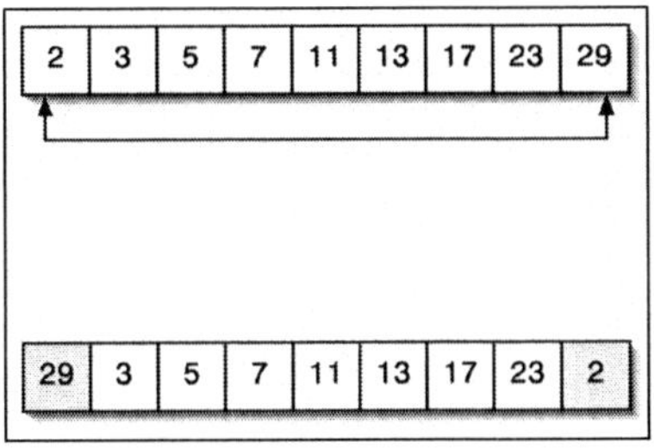

Figura 6.2 Prima iterazione per l'inversione di un vettore.

L'algoritmo si basa sullo scambio di elementi di un vettore, concetto che sarà utile più avanti per implementare algoritmi di ordinamento. Per eseguire questa operazione vengono utilizzati due indici, uno che parte dall'inizio e uno dalla fine del vettore, che convergono al centro dello stesso. Per scambiare i due elementi viene utilizzata una variabile temporanea per contenere il valore dell'elemento di partenza. Questo viene poi sovrascritto da quello di fine, che a sua volta viene sostituito con quello memorizzato nella variabile temporanea:

```
#include <stdio.h>

void stampa_e_inverti(int v[], int s);
void inverti(int v[], int s);
void stampa(int v[], int s);

int main () {
    int v1[] =
            { 2, 3, 5, 7, 11, 13, 17, 19, 23, 29 };
    int v2[] = { 2, 3, 5, 7, 11, 13, 17 };
    int v3[] = { 2, 3 };
    int v4[] = { 2 };

    stampa_e_inverti(v1, 10);
    stampa_e_inverti(v2, 7);
```

```
    stampa_e_inverti(v3, 2);
    stampa_e_inverti(v4, 1);

    return 0;
}

void stampa_e_inverti(int v[], int s)
{
    stampa(v, s);
    inverti(v, s);
    stampa(v, s);
    printf("\n");
}

void inverti(int v[], int s)
{
    int i, k;
    int t;

    if (s == 1)
    {
        return;
    }

    for( i = 0, k = s-1; i < s/2; i++, k-- )
    {
        t = v[ i ];

        v[ k ] = v[ i ];
        v[ i ] = t;
    }
}

void stampa(int v[], int s)
{
    int i;
```

```
        printf("v[] = ");

        for( i = 0; i < s; i++ )
        {
                printf("%3d ", v[ i ] );
        }

        printf("\n");
    }
```

L'output del programma è il seguente:

```
    v[] =   2   3   5   7  11  13  17  19  23  29
    v[] =  29  23  19  17  13  11   7   5   3   2

    v[] =   2   3   5   7  11  13  17
    v[] =  17  13  11   7   5   3   2

    v[] =   2   3
    v[] =   3   2

    v[] =   2
    v[] =   2
```

Inserimento

Un'altra funzionalità che è possibile implementare con i vettori è l'inserimento di uno o più elementi nel suo interno, senza sovrascrivere i valori esistenti. Quelli in eccesso vengono spostati, per esempio verso destra, per far posto ai nuovi elementi da inserire.

Inserimento di un numero

In questo primo esempio viene illustrato come inserire un singolo elemento in un vettore in una posizione specifica, spostando a destra i valori esistenti. Il valore in eccesso viene eliminato e ritornato dalla funzione. Per ottenere questo risultato, gli elementi del vettore vengono fatti scorrere a destra di una posizione, a partire dal fondo. Quando si raggiunge la posizione di inserimento, è sufficiente assegnare all'elemento il valore da inserire.

La funzione `inserisci()` si aspetta quattro parametri:

- il vettore da elaborare;
- la lunghezza del vettore, che serve per sapere quanti elementi scorrere;
- la posizione di inserimento del nuovo elemento;
- il valore del nuovo elemento.

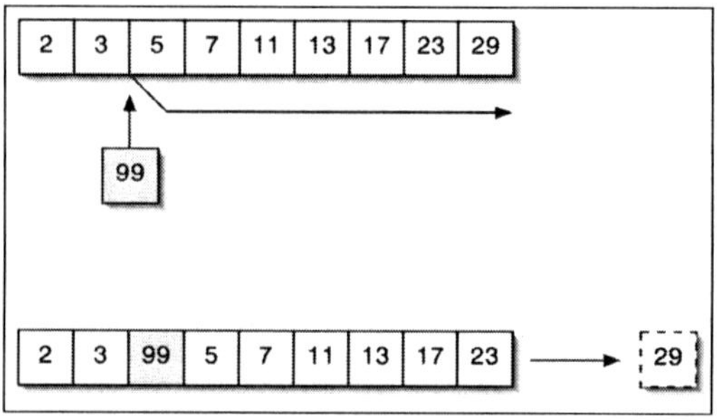

Figura 6.3 Scorrimento verso destra degli elementi di un vettore per fare posto all'elemento da inserire.

```
#include <stdio.h>

void stampa(int v[], int s);

int main () {
    int v[] = { 2, 3, 5, 7, 11, 13, 17, 19, 23, 29 };
    int n;

    stampa(v, 10);
    n = inserisci(v, 10, 2, 99);
    stampa(v, 10);
    printf("Valore eccedente: %d\n\n", n);

    n = inserisci(v, 10, -1, 99);
    stampa(v, 10);
    n = inserisci(v, 10, 10, 99);
    stampa(v, 10);
```

```
    n = inserisci(v, 10, 9, 99);
    stampa(v, 10);
    printf("Valore eccedente: %d\n\n", n);

    return 0;
}

inserisci(int v[], int s, int p, int n)
{
    int i;
    int r;

    if (p < 0 || p >= s)
    {
        return;
    }

    r = v[ s-1 ];

    for( i = s-1; i > p; i-- )
    {
        v[ i ] = v[ i-1 ];
    }

    v[ p ] = n;

    return r;
}
```

L'output del programma è il seguente:

```
v[] =   2   3   5   7  11  13  17  19  23  29
v[] =   2   3  99   5   7  11  13  17  19  23
Valore eccedente: 29

v[] =   2   3  99   5   7  11  13  17  19  23
v[] =   2   3  99   5   7  11  13  17  19  23
v[] =   2   3  99   5   7  11  13  17  19  99
Valore eccedente: 23
```

Inserimento di un vettore

Questo programma inserisce un vettore in un altro, utilizzando la stessa logica dell'esempio precedente. Ora però lo scorrimento verso destra dei valori esistenti non è di una sola posizione, ma della lunghezza del vettore da inserire. L'inserimento di quest'ultimo, poi, è operato attraverso un ciclo, in quanto non si sta più inserendo un elemento singolo, per cui serve una sola assegnazione, ma una sequenza di valori. La funzione `inserisci()` questa volta ha i seguenti parametri:

- il vettore da modificare;
- la sua lunghezza;
- la posizione di inserimento;
- il vettore da inserire;
- la sua lunghezza.

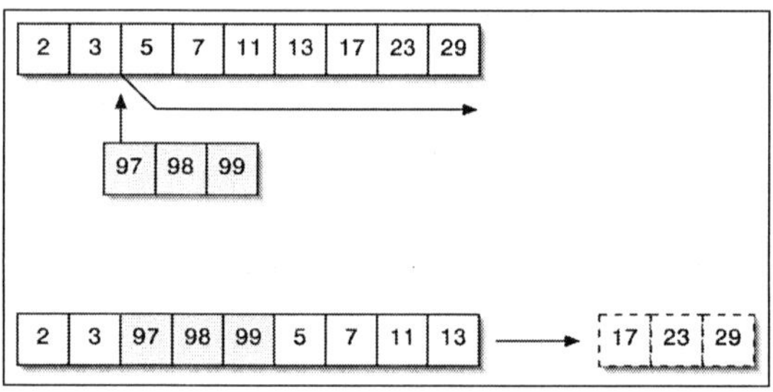

Figura 6.4 Inserimento di un vettore in un altro.

In questo caso, gli elementi in eccesso vengono semplicemente scartati:

```
#include <stdio.h>

void inserisci(int v[], int s1, int p, int n[],
     int s2);
void stampa(int v[], int s);

int main () {
     int v[] = { 2, 3, 5, 7, 11, 13, 17, 19, 23, 29 };
     int n[] = { 97, 98, 99 };
     int t[] = { 95, 96 };
```

```
    stampa(v, 10);
    inserisci(v, 10, 2, n, 3);
    stampa(v, 10);

    inserisci(v, 10, -1, n, 3);
    stampa(v, 10);
    inserisci(v, 10, 10, n, 3);
    stampa(v, 10);
    inserisci(v, 10, 9, n, 3);
    stampa(v, 10);

    inserisci(v, 10, 8, n, 2);
    stampa(v, 10);

    inserisci(v, 10, 0, n, 2);
    stampa(v, 10);

    return 0;
}

void inserisci(int v[], int s1, int p, int n[],
    int s2)
{
    int i, k;

    if (p < 0 || p >= s1 || s2 + p > s1)
    {
        return;
    }

    for( i = s1-1; i >= p + s2; i-- )
    {
        v[ i ] = v[ i-s2 ];
    }
    for( i = p, k = 0; k < s2; k++, i++ )
    {
        v[ i ] = n[ k ];
    }
}
```

L'output del programma è il seguente:

```
v[] =  2  3  5  7 11 13 17 19 23 29
v[] =  2  3 97 98 99  5  7 11 13 17
v[] =  2  3 97 98 99  5  7 11 13 17
v[] =  2  3 97 98 99  5  7 11 13 17
v[] =  2  3 97 98 99  5  7 11 13 17
v[] =  2  3 97 98 99  5  7 11 97 98
v[] = 97 98  2  3 97 98 99  5  7 11
```

Estrazione

L'operazione di estrazione è l'opposto dell'inserimento: copia una serie di valori di un vettore in un altro, come descritto in Figura 6.5. La funzione `estrai()` si aspetta quattro parametri:

- il vettore da leggere;
- il vettore da valorizzare;
- la posizione di partenza di lettura;
- il numero di elementi da leggere.

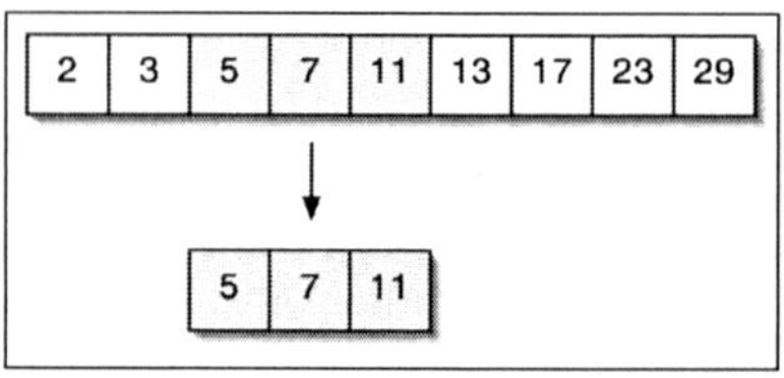

Figura 6.5 Estrazione di un vettore da un altro.

Una variante di questa funzione prevede, oltre alla copia dei valori, anche la loro rimozione dal vettore di partenza, con il conseguente azzeramento dei valori in eccesso.

```
#include <stdio.h>

#define MAX_SIZE 10

void estrai_e_stampa(int v[], int p, int l);
void estrai(int v[], int d[], int p, int l);
void stampa(int v[], int s);
```

```
int main () {
    int v[] = { 2, 3, 5, 7, 11, 13, 17, 19, 23, 29 };

    stampa(v, 10);
    printf("\n");

    estrai_e_stampa(v, 2, 3);
    estrai_e_stampa(v, 3, 7);
    estrai_e_stampa(v, 7, 1);
    estrai_e_stampa(v, 0, 0);

    return 0;
}

void estrai_e_stampa(int v[], int p, int l)
{
    int d[MAX_SIZE];

    estrai(v, d, p, l);
    stampa(d, l);
}

void estrai(int v[], int d[], int p, int l)
{
    int i;
    int k;

    if (p < 0 || l <= 0)
    {
            return;
    }

    for( i = p, k = 0; i < p + l + 1; i++, k++ )
    {
            d[ k ] = v[ i ];
    }
}
```

L'output del programma è il seguente:

```
v[] =  2   3   5   7  11  13  17  19  23  29

v[] =  5   7  11
v[] =  7  11  13  17  19  23  29
v[] = 19
v[] =
```

Ricerca

Un'altra funzione fondamentale che è possibile operare con i vettori è la ricerca di specifici valori. L'identificazione dell'elemento che contiene un determinato valore è una funzionalità di base che si rivela indispensabile per l'implementazione di algoritmi matematici o nelle applicazioni per la gestione dei dati.

Ricerca lineare

L'algoritmo di ricerca più semplice che è possibile realizzare è la ricerca lineare, detta anche ricerca sequenziale. Questo prevede la scansione di un elemento dopo l'altro per cercare il dato voluto. La ricerca si interrompe quando viene trovato l'elemento oppure quando si arriva alla fine del vettore. La funzione `trova()` si aspetta tre elementi:

- il vettore da utilizzare;
- la dimensione del vettore;
- il valore da cercare.

La funzione ritorna -1 se il valore non viene trovato, oppure l'indice dell'elemento che lo contiene.

Il programma di esempio stampa la posizione dell'elemento cercato, oltre al numero di iterazioni eseguite. Quest'ultima è una informazione importante per valutare l'efficienza dell'algoritmo.

```
#include <stdio.h>

void stampa(int v[], int s);

int c = 0;
```

```
int main () {
     int v[] = { 2, 3, 5, 7, 11, 13, 17, 19, 23, 29 };
     int n = 13;
     int p;

     stampa(v, 10);
     p = trova(v, 10, n);

     if (p != -1)
     {
       printf("%d e' presente alla posizione %d\n",
               n, p);
     }
     else
     {
       printf("%d non e' presente nel vettore\n", n);
     }

     printf("Eseguite %d iterazioni\n", c);

     return 0;
}

trova(int v[], int s, int n)
{
     int i;

     for( i = 0; i < s; i++ )
     {
          c++;

          if( v[ i ] == n )
          {
               break;
          }
     }

     return (i == s) ? -1 : i;
}
```

L'output del programma è il seguente:

```
v[] =   2   3   5   7  11  13  17  19  23  29
13 e' presente alla posizione 5
Eseguite 6 iterazioni
```

Ricerca dicotomica

Questo algoritmo di ricerca è più efficiente della ricerca sequenziale. Infatti, nei casi prova mostrati nel codice, ha trovato l'elemento cercato nella metà delle iterazioni utilizzate dalla ricerca sequenziale. La ricerca dicotomica però richiede che il vettore sia ordinato. In questo modo può confrontare il valore cercato con quello a metà del vettore e verificare se è maggiore o minore. Nel primo caso, considera la metà superiore del vettore, altrimenti quella inferiore, e ripete l'operazione. Procede così fino a individuare l'elemento cercato. La funzione `trova()` si aspetta ora quattro parametri:

- il vettore da analizzare;
- il valore da cercare;
- l'indice di partenza;
- l'indice di fine.

Alla prima chiamata, l'indice di partenza è l'inizio del vettore, cioè l'elemento zero. L'indice di fine è invece la fine dello stesso. Sebbene il primo dato potrebbe essere superfluo, qui è necessario in quanto la funzione è ricorsiva e le volte successive viene chiamata passando un perimetro di ricerca più stretto. In Figura 6.6 è presente la rappresentazione grafica di quello che accade eseguendo il programma qui presentato.

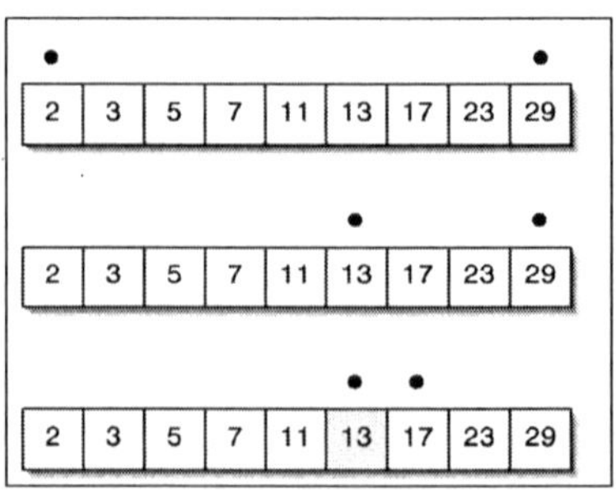

Figura 6.6 Ricerca dicotomica.

```
#include <stdio.h>

void stampa(int v[], int s);

int c = 0;

int main () {
     int v[] = { 2, 3, 5, 7, 11, 13, 17, 19, 23, 29 };
     int n = 13;
     int p;

     stampa(v, 10);
     p = trova(v, n, 0, 9);

     if (p != -1)
     {
       printf("%d e' presente alla posizione %d\n",
             n, p);
     }
     else
     {
       printf("%d non e' presente nel vettore\n", n);
     }

     printf("Eseguite %d iterazioni\n", c);

     return 0;
}

trova(int v[], int n, int l, int h)
{
     int m;
     c++;

     if (h < l)
     {
            return -1;
     }
```

```
        m = (l + h ) / 2;

        if ( v[ m ] > n )
        {
                return trova(v, n, l, m-1);
        }
        else if ( v[ m ] < n )
        {
                return trova(v, n, m+1, h);
        }
        else
        {
                return m;
        }

    }
```

L'output del programma è il seguente:

```
v[] =   2   3   5   7   11   13   17   19   23   29
13 e' presente alla posizione 5
Eseguite 3 iterazioni
```

Ordinamento

Gli algoritmi di ordinamento si occupano di riorganizzare gli elementi del vettore in modo che risultino disposti secondo un criterio crescente (ma anche decrescente, sulla base delle esigenze applicative). Questa funzionalità è importante in moltissimi ambiti. Per esempio, è utilizzata per mantenere ordinato un elenco di nominativi, oppure per facilitare la ricerca. Come si è visto nel paragrafo precedente, per poter utilizzare la ricerca dicotomica, che è un algoritmo molto efficiente, è necessario che il vettore sia ordinato.

Su Wikipedia c'è un ottimo articolo di approfondimento sugli algoritmi di ricerca (`http://en.wikipedia.org/wiki/Sorting_algorithm`*), con analisi della complessità, delle prestazioni, dell'uso della memoria eccetera. Viene descritta una mezza dozzina di algoritmi, con collegamenti per il loro approfondimento.*

Esistono numerosi algoritmi di ordinamento e relative varianti. Uno di quelli più semplici è Bubble Sort. Il suo funzionamento è semplice: scorre il vettore sequenzialmente e scambia i due elementi contigui se non sono nell'ordine corretto. Questa iterazione viene eseguita più volte, fino a che ci sono elementi in ordine errato.

Il codice è il seguente:

```
#include <stdio.h>

#define BOOL int
#define FALSE 0
#define TRUE !FALSE

void ordina(int v[], int s);
void stampa(int v[], int s);

int main () {
    int v[] = { 23, 17, 13, 29, 5, 3, 11, 2, 7, 19 };

    stampa(v, 10);
    ordina(v, 10);

    return 0;
}

void ordina(int v[], int s)
{
    int i;
    int t;
    BOOL scambiati = FALSE;

    do {
            scambiati = FALSE;

            for( i = 0; i < s - 2; i++)
            {
                    if ( v[ i ] > v[ i + 1 ] )
                    {
                            t = v[ i ];
```

```
                    v[ i ] = v[ i + 1 ];
                    v[ i + 1 ] = t;

                    scambiati = TRUE;
                }
            }

            if (scambiati)
            {
                stampa(v, s);
            }
        } while( scambiati );

}
```

È stata inserita, nella funzione di ordinamento, una chiamata per stampare il contenuto del vettore a ogni iterazione. L'output è il seguente. Come si vede, a ogni riga l'ordine del vettore aumenta, fino all'ultima riga, dove il vettore è completamente ordinato:

```
v[] =  23  17  13  29   5   3  11   2   7  19
v[] =  17  13  23   5   3  11   2   7  29  19
v[] =  13  17   5   3  11   2   7  23  29  19
v[] =  13   5   3  11   2   7  17  23  29  19
v[] =   5   3  11   2   7  13  17  23  29  19
v[] =   3   5   2   7  11  13  17  23  29  19
v[] =   3   2   5   7  11  13  17  23  29  19
v[] =   2   3   5   7  11  13  17  23  29  19
```

Vettori multidimensionali

Il linguaggio C supporta vettori a più dimensioni, anche se è più frequente utilizzare vettori a singola dimensione oppure al massimo bidimensionali. La dichiarazione di vettori a più dimensioni avviene utilizzando ancora una volta l'operatore `[]`. Per esempio, per dichiarare un vettore di 100 x 100 interi si può scrivere:

```
int v[ 100 ][ 100 ];
```

L'accesso agli elementi avviene in modo simile ai normali vettori, con la differenza che l'ulteriore dimensione viene specificata con un'altra coppia di parentesi quadre.

Per esempio, la riga seguente assegna il valore 5 alla colonna 24 della riga 51 della matrice:

```
v[ 50 ][ 23 ] = 5;
```

L'inizializzazione del vettore avviene come di consueto. Sarà ovviamente necessario annidare più cicli per inizializzare tutti gli elementi. Nel caso della matrice sopra definita si avrà:

```
int i, k;
for( i = 0; i < 100; i++ )
{
     for( k = 0; k < 100; k++ )
     {
              v[ i ][ k ] = 0;
     }
}
```

Oppure, è sempre possibile eseguire l'inizializzazione in linea, utilizzando però ulteriori parentesi graffe per rappresentare la gerarchia di dimensioni del vettore. Per esempio, per inizializzare un vettore bidimensionale di 2x2 si può scrivere:

```
float v[2][2] = { { 1.3, 2.5 }, { 2.2, 3.1 } };
```

In algebra lineare, il determinante è una funzione che associa a ogni matrice quadrata un valore scalare. Questo è uno strumento utilizzato in vari settori della matematica, come le equazioni lineari, il calcolo infinitesimale o la teoria combinatoria. Nelle matrici a due dimensioni il determinante è dato dalla differenza del prodotto degli elementi in diagonale (Figura 6.7).

$$\det \begin{bmatrix} a & b \\ c & d \end{bmatrix} := ad - bc$$

Figura 6.7 Determinante di una matrice di 2x2.

Il programma che segue è un esempio di utilizzo di un vettore bidimensionale che calcola il determinante di una matrice di 2x2.

```
#include <stdio.h>

float det(float v[][]);
```

```
int main () {
    float v[2][2] = { { 1.3, 2.5 }, { 2.2, 3.1 } };

    printf("Il determinante della matrice vale %5.3f\
n", det( v ) );

    return 0;
}

float det(float v[][2])
{
    return v[ 0 ][ 0 ] * v[ 1 ][ 1 ] -
           v[ 0 ][ 1 ] * v[ 1 ][ 0 ];
}
```

L'output del programma è il seguente:

```
Il determinante della matrice vale -1.470
```

Si noti che nel passaggio di un vettore bidimensionale a una funzione il numero di righe non è obbligatorio. Infatti nella dichiarazione di `det()` *è presente solo l'indicazione del numero di righe.*

Capitolo 7

Puntatori

In puntatori sono un concetto abbastanza specifico del linguaggio C e rivestono una importanza fondamentale al fine di realizzare codice compatto e molto efficiente. Per contro, è forse una delle caratteristiche più difficili da utilizzare in modo corretto e spesso è fonte di errori, come i memory leak, buffer overflow e altri.

Il concetto di puntatore è semplice: è una variabile che contiene un indirizzo di memoria. Possiamo immaginare la memoria centrale del calcolatore come un immenso vettore di caratteri a cui è possibile accedere per memorizzare o recuperare informazioni.

Un puntatore permette di riferirsi a uno specifico indirizzo di memoria e quindi di manipolarne il contenuto (Figura 7.1).

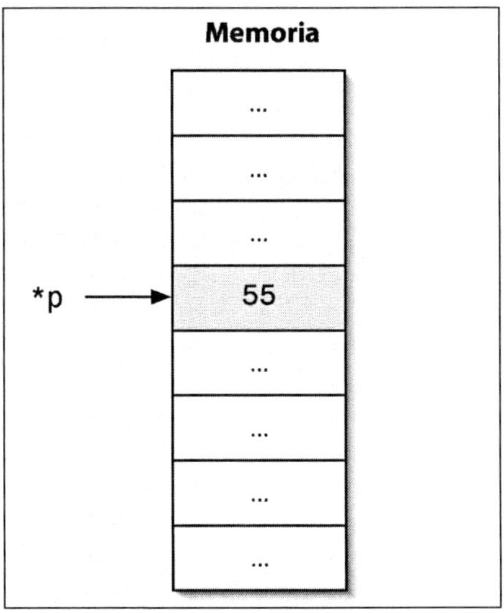

Figura 7.1 Un puntatore è un riferimento a una locazione di memoria.

Dichiarazione

Un puntatore viene dichiarato utilizzando l'operatore di indirezione, rappresentato dal carattere * (asterisco). Inoltre, viene specificato il tipo di dato che viene puntato, in modo che il compilatore sia in grado di supportare alcune funzionalità, come per esempio l'aritmetica degli indirizzi, che verrà discussa più avanti.

Alcuni esempi di puntatori sono:

```
int *p;
char *c;
float *f;
```

Rispettivamente, questi corrispondono a:

- un puntatore a intero;
- un puntatore a carattere;
- un puntatore a float.

Si noti che le variabili puntatore, come quelle appena descritte, non contengono valori del tipo specificato in fase di dichiarazione, ma indirizzi di posizioni di memoria che dovranno contenere effettivamente un valore del tipo indicato.

Assegnazione

Un puntatore contiene l'indirizzo di memoria di una variabile. Per ottenere l'indirizzo di una qualsiasi variabile si utilizza l'operatore & (e commerciale), che viene scritto prima della variabile di cui si vuole ottenere l'indirizzo. Per esempio, per ottenere l'indirizzo di un intero si può procedere come segue:

```
int a = 5;
int *p = &a;
```

A questo punto, in memoria sono presenti due variabili. La prima, di tipo intero, contiene il valore 5. La seconda, di tipo puntatore a intero, contiene l'indirizzo della prima variabile. La situazione in memoria, supponendo che il processore abbia spazio di indirizzamento di 16 bit, è quella descritta in Figura 7.2 (ogni riquadro è un byte).

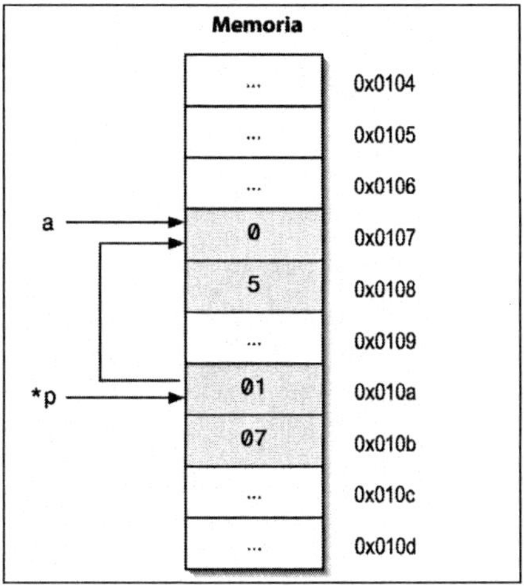

Figura 7.2 Un intero e un puntatore all'intero.

Nell'esempio, la variabile a è contenuta all'indirizzo 0x0107, mentre la variabile p è memorizzata all'indirizzo 0x010a. Il contenuto della variabile a è il valore assegnato in fase di dichiarazione, e cioè 5. Nel caso invece del puntatore, è l'indirizzo di memoria della variabile a, e cioè 0x0107.

Si noti che solo incidentalmente le due variabili sono lunghe entrambe due byte. Nel caso del puntatore, la lunghezza è in funzione dello spazio di indirizzamento del processore. In questo caso è di 16 bit, quindi richiede due byte per memorizzare un puntamento. Nel caso della variabile intera, questa è di due byte per convenzione. Se invece che il tipo di dato `int` *si fosse utilizzato un* `char`*, la situazione sarebbe stata leggermente differente: la variabile* a *avrebbe richiesto un byte, mentre* p *avrebbe richiesto ancora due byte.*

Una controprova di quanto descritto è ottenibile con il seguente programma di prova, che stampa valori e indirizzi di una variabile intera e di un suo puntatore:

```
#include <stdio.h>

int main () {
    int a = 5;
```

```
    int *p;

    p = &a;

    printf("Valore di a     : %d\n", a);
    printf("Indirizzo di a : %p\n", &a);
    printf("Valore di p     : %p\n", p);
    printf("Indirizzo di p : %p\n", &p);

    return 0;
}
```

L'output prodotto è il seguente:

```
Valore di a    : 5
Indirizzo di a : 0xbffffd00
Valore di p    : 0xbffffd00
Indirizzo di p : 0xbffffd04
```

Nel file di intestazione `stdio.h`, che spesso si include nei propri programmi per utilizzare le funzioni `scanf()` e `printf()`, è presente la definizione della costante `NULL`, che rappresenta il concetto di "nessun indirizzo". È possibile quindi utilizzare questa costante per azzerare variabili di tipo puntatore, come nell'esempio seguente:

```
int *p = NULL;
```

Puntatori multipli

Ovviamente, due puntatori possono accedere alla stessa area di memoria. In questo caso conterranno lo stesso indirizzo. Per esempio, nel codice seguente i due puntatori `p` e `q` contengono entrambi l'indirizzo di `a`:

```
int a;
int *p = &a;
int *q = &a;
```

In alternativa si può scrivere:

```
int a;
int *p = &a;
int *q;

q = p;
```

In questo secondo caso non si è fatto altro che assegnare il puntatore p al puntatore q, copiando di fatto l'indirizzo di memoria.

Puntatori generici

È possibile dichiarare puntatori senza tipo utilizzando il tipo di dato `void`, che significa "nessun dato". Un puntatore di questo tipo permette di contenere un indirizzo generico, svincolato da un tipo di dato specifico. Per esempio, nel programma seguente viene utilizzato un puntatore `void` per contenere l'indirizzo di una variabile intera e poi viene assegnato a un puntatore intero:

```
#include <stdio.h>

int main () {
      int a = 5;
      void *p;
      int *b;

      p = &a;
      printf("&a=%p\n", &a);
      printf(" p=%p\n", p);

      b = p;
      printf(" b=%p\n", b);

      return 0;
}
```

Come si evince dall'output del programma, l'indirizzo è il medesimo, indipendentemente dal tipo di puntatore:

```
&a=0xbffffd00
 p=0xbffffd00
 b=0xbffffd00
```

Accesso

Tramite l'operatore di indirezione, chiamato anche operatore di *dereferimento*, è possibile anche accedere al dato contenuto nella variabile puntata.

Per esempio, il codice seguente assegna il valore 5 alla variabile a utilizzando il puntatore p:

```
int a;
int *p = &a;

*p = 5;
```

È ovviamente possibile utilizzare i diversi operatori presenti nel linguaggio per manipolare la variabile a cui fa riferimento un puntatore. Per esempio:

```
int a = 5;
int b;
int *p;

p = &a;
printf("a=%d\n", a);          /* 5 */

*p += 10;
printf("a=%d\n", a);          /* 15 */

b = *p + 3;
printf("b=%d\n", b);          /* 18 */

++*p;
printf("a=%d\n", a);          /* 16 */

(*p)++;
printf("a=%d\n", a);          /* 17 */
```

Nell'ultimo caso le parentesi sono necessarie perché l'operatore ++ ha precedenza sull'operatore *. Si sarebbe dunque aumentato l'indirizzo del puntatore (si veda più avanti in questo capitolo il paragrafo relativo all'aritmetica degli indirizzi) e non il suo valore.

Puntatori e vettori

Nel linguaggio C i vettori e i puntatori sono intimamente legati. Quando si dichiara un vettore, infatti, si sta in realtà dichiarando un puntatore a un'area di memoria composta da una serie locazioni di uguale dimensione, che sono gli elementi del vettore.

Per esempio:

```
int v[10];
```

Il simbolo v è a tutti gli effetti un puntatore a interi. È quindi possibile assegnare il suo valore a una variabile di tipo `int *`. Per esempio, il seguente codice è perfettamente legale:

```
int *p;
p = v;
```

In questo caso, sia p che v puntano all'inizio del vettore. Questo è rappresentato dall'indirizzo del suo primo elemento. Per ottenere l'indirizzo di un vettore, cioè lo stesso rappresentato da v, si può quindi scrivere:

```
&v[ 0 ]
```

Ovviamente è possibile anche creare vettori di puntatori. Per esempio, nel modo seguente viene creato un vettore di 10 puntatori a interi:

```
int *v[ 10 ];
```

La quantità di memoria necessaria ad allocare un vettore di puntatori non è lo stesso di un vettore di variabili. Per esempio un `char *v[ 10 ]` *su processore a 16 bit occupa 20 byte (16 bit = 2 byte per 10 elementi = 20 byte). Invece, un* `char v[10]` *occupa 10 byte (1 char = 1 byte, per 10 elementi = 10 byte).*

Ciascun elemento del vettore è dunque un puntatore a intero. In questo caso, l'espressione `v[ 0 ]` è un puntatore a intero. Per capire meglio il funzionamento di questo meccanismo si osservi l'esempio seguente:

```
#include <stdio.h>

int main () {
    int a = 5;
    int *v[10];
    int *p;

    v[ 0 ] = &a;
    p = v[ 0 ];

    printf(" v[ 0 ] = %p\n", v[ 0 ]);
    printf("*v[ 0 ] = %d\n", *v[ 0 ]);
```

```
        *p = 10;
        printf(" v[ 0 ] = %p\n", v[ 0 ]);
        printf("*v[ 0 ] = %d\n", *v[ 0 ]);
        printf("     &a = %p\n", &a);
        printf("      a = %d\n", a);

        return 0;
    }
```

Si noti come l'assegnazione di `v[ 0 ]` a una variabile di tipo puntatore a intero è un'operazione perfettamente valida e come sia possibile dereferenziare `v[ 0 ]` per ottenere il valore puntato. L'output del programma è il seguente:

```
 v[ 0 ] = 0xbffffcc0
*v[ 0 ] = 5
 v[ 0 ] = 0xbffffcc0
*v[ 0 ] = 10
     &a = 0xbffffcc0
```

Come si nota, l'area di memoria puntata da `v[ 0 ]` è sempre la stessa, ed è quella che ospita la variabile a. Il valore puntato da `v[ 0 ]` invece cambia, in base alle assegnazioni presenti nel codice.

Aritmetica degli indirizzi

Una funzionalità peculiare del linguaggio C è la possibilità di eseguire operazioni matematiche sui puntatori. Non sui valori da essi referenziati, ma proprio sugli indirizzi di memoria che contengono. In questo modo è possibile puntare a posizioni arbitrarie della memoria, per esempio per accedere agli elementi di un vettore senza utilizzare gli indici e l'operatore `[]`. Per esempio, per accedere al terzo elemento di un vettore si può sommare il valore 3 all'indirizzo di partenza e cioè:

```
int v[10];
int a;
int *p;

v[ 3 ] = 5;
p = v;
p += 3;

a = *p;      /* vale 5*/
```

Un altro modo per specificare che si vuole accedere al terzo elemento di un vettore è il seguente:

```
*( p + 3 );
```

Attenzione a non superare in lunghezza la dimensione del vettore, oppure a puntare a qualche indirizzo errato al di fuori dello stesso. In questi casi si potrebbero verificare malfunzionamenti molto difficili da individuare, oppure provocare il crash dell'applicazione o addirittura del sistema, in funzione del tipo di protezione dei processi in esso implementata. Per esempio, se un'applicazione su Windows cerca di accedere a un'area di memoria che non le appartiene, il processo viene terminato e l'utente riceve un messaggio di avviso che notifica dell'anomalia avvenuta. Per esempio, se si scrive:

```
p = v;
p--;
printf("*p=%d\n", *p);
printf("v=%p\n", v);
printf("p=%p\n", p);
```

Si ottiene in output qualcosa di simile al seguente:

```
*p=-1829379272
v=0xbffffcd0
p=0xbffffccc
```

Come si vede, p punta a un indirizzo di memoria antecedente all'inizio del vettore, il cui contenuto è indefinito.

Per modificare il valore di un puntatore è possibile utilizzare gli operatori matematici, come quelli di incremento o decremento unario. Ogni unità coinvolta nell'aritmetica degli indirizzi viene trasformata dal compilatore nella quantità di byte corretta per rendere sensata l'operazione. Per esempio, nel caso di un vettore di interi, quello che si vuole fare scrivendo il seguente codice:

```
int v[10];
int *p;

p = v;
p++;
```

è quello di far passare il puntatore p al successivo elemento del vettore. Se sul computer che si sta utilizzando un intero è lungo 4 byte, l'incremento di una unità nel puntatore viene tradotto dal compilatore in un avanzamento di 4 byte. Se si somma 3 a un puntatore intero, questo avanzerà di 12 byte.

In altre parole, perché le unità utilizzate nell'aritmetica degli indirizzi corrispondano al byte, è necessario che il tipo di dato puntato sia lungo un byte, cosa che avviene utilizzando i `char` *oppure il tipo di dato* `void`.

Il programma seguente mostra come l'aritmetica degli indirizzi cambia in funzione del tipo di dato impiegato. Nello specifico, confronta il diverso risultato che si ottiene eseguendo un incremento unario su puntatori di tipo intero e generico. Inizialmente questi contengono lo stesso indirizzo, quello della variabile a:

```
#include <stdio.h>

int main () {
        int a = 5;
        void *p;
        int *b;

        p = &a;
        b = p;

        printf("&a=%p\n", &a);
        printf(" p=%p\n", p);
        printf(" b=%p\n", b);
        printf("\n");

        p++;
        b++;

        printf("&a=%p\n", &a);
        printf(" p=%p\n", p);
        printf(" b=%p\n", b);

        return 0;
}
```

Come si deduce dall'output del programma, l'operatore ++ ha comportato nel puntatore di tipo `void` un incremento di un byte, mentre nel puntatore di tipo `int` un incremento di 4 byte. Il programma di prova è infatti stato fatto girare su macchina a 32 bit:

```
&a=0xbffffd00
 p=0xbffffd00
 b=0xbffffd00

&a=0xbffffd00
 p=0xbffffd01
 b=0xbffffd04
```

Funzioni

In questa sezione sono descritti gli aspetti che è necessario conoscere quando si utilizzano i puntatori con le funzioni in tre contesti fondamentali: il passaggio dei parametri, il valore di ritorno e i puntatori a funzione.

Passaggio per riferimento

I puntatori sono utili per risolvere alcune problematiche relative al passaggio di parametri alle funzioni. Come descritto nei capitoli precedenti, il passaggio di parametri che non sono vettori avviene per valore. Nella funzione arriva quindi una copia della variabile.

Ci sono però situazioni in cui sarebbe utile che le funzioni possano modificare i parametri a loro passati. Per esempio, quando queste devono ritornare molti dati, visto che la funzione può restituire un solo valore di ritorno. Per risolvere questo problema vengono in aiuto i puntatori: passando puntatori a variabili, invece che le variabili stesse, è possibile modificare i parametri di ingresso dall'interno della funzione. In questo caso si dice che il passaggio dei parametri avviene *per riferimento* e non per valore.

Questo meccanismo è già stato utilizzato nei capitoli precedenti, senza però essere stato descritto:

```
scanf("%d", &a);
```

Come si sarà notato, tutte le volte che è stata utilizzata la funzione `scanf()` i suoi parametri vedevano la presenza dell'operatore &. Questo significa che alla funzione venivano passati i puntatori dei parametri e non il loro valore. È questo il meccanismo che consente alla funzione di valorizzare la variabile utilizzata nel programma, a cui altrimenti non avrebbe avuto accesso.

Nel codice seguente è presente una funzione per eseguire lo scambio del valore di due variabili. Questa funzione viene utilizzata spesso negli algoritmi di ordinamento. Infatti, nel capitolo precedente si è fatto uso di questa funzionalità, inserita però direttamente nell'algoritmo di ordinamento, in quanto i concetti relativi ai puntatori non erano ancora stati descritti.

```
void scambia(int *a, int *b)
{
	int t = *b;
	*b = *a;
	*a = t;
}
```

Il programma di prova è il seguente. Vengono scambiati i valori di due variabili intere dichiarate nella funzione principale:

```
#include <stdio.h>

void scambia(int *a, int *b);

int main () {
	int a = 5;
	int b = 7;

	printf("a = %d, b = %d\n", a, b);
	scambia( &a, &b );
	printf("a = %d, b = %d\n", a, b);

	return 0;
}
```

L'output prodotto è il seguente:

```
a = 5, b = 7
a = 7, b = 5
```

In Figura 7.3 è presente la situazione in memoria nel contesto della funzione `scambia()` (ogni blocco rappresentato è da 16 bit ipotizzando che interi e indirizzi siano di entrambi di questa dimensione).

Puntatori costanti

Passare un puntatore a una funzione è un'operazione pericolosa, perché la funzione chiamata è in grado di modificare a piacimento il contenuto della memoria a cui fa riferimento il puntatore. Alcune volte, soprattutto con vettori e stringhe, si passa un puntatore a una funzione solo per permettere la lettura dei dati. Utilizzando la parola chiave `const`, che indica che una variabile è in sola lettura, è possibile dichiarare che la memoria a cui fa riferimento un parametro di tipo puntatore non è modificabile.

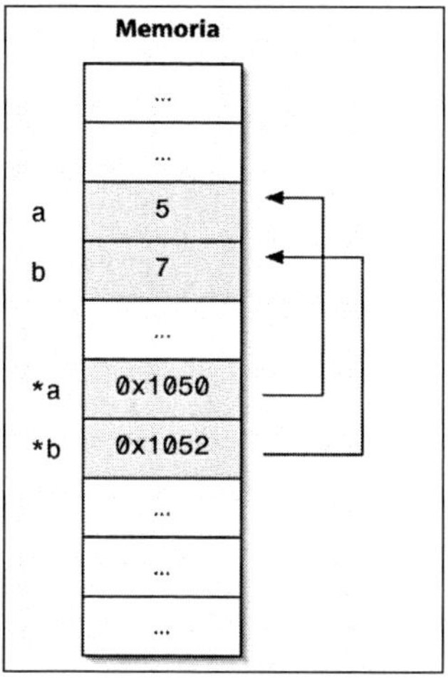

Figura 7.3 Passaggio di puntatori a funzioni.

Questo controllo avviene in fase di compilazione. Per esempio, se si prova a compilare il programma seguente:

```
#include <stdio.h>

void cube( const int *p );

int main () {
     int a = 5;

     cube( &a );
     printf("Il cubo di a e': %d\n", a );

     return 0;
}
```

```
void cube( const int *p )
{
    *p = (*p) * (*p) * (*p);
}
```

si ottiene un messaggio di errore simile al seguente:

```
Costanti.c: In function `cube':
Costanti.c:16: warning: assignment of read-only
location
```

Ritornare puntatori

Una funzione può ritornare un puntatore. In questo caso è necessario utilizzare l'operatore * nella dichiarazione del tipo di ritorno. Per esempio:

```
int *f();
```

Per esempio, si può implementare una funzione che esegue una determinata operazione su un parametro, come il calcolo del valore quadrato:

```
int *quad( int *a ) {
    *a = (*a) * (*a);
    return a;
}
```

Attenzione a non ritornare un puntatore a una variabile automatica, perché queste vengono distrutte all'uscita dalla funzione e quindi il chiamante riceverebbe un indirizzo di memoria non valido. Il seguente codice è quindi errato:

```
int *f() {
    int a;
    return &a;
}
```

Puntatori a funzioni

Un puntatore contiene un indirizzo di memoria. Solitamente questo è un riferimento a una zona che contiene dati, ma in memoria non ci sono solo informazioni, ma anche le istruzioni che implementano le funzioni del programma. È quindi possibile dichiarare e utilizzare un puntatore a una funzione, che essendo memorizzato in una variabile può essere a sua volta passato come parametro ad altre funzioni.

È quindi possibile dire a una funzione di utilizzarne un'altra, semplicemente fornendone l'indirizzo.

Per dichiarare che un parametro è un puntatore a funzione si utilizza l'operatore * insieme alle parentesi tonde. Per esempio, la seguente riga di codice dichiara una funzione f che si aspetta due interi e ritorna un numero in virgola mobile:

```
float (*f)(int a, int b)
```

Le parentesi tonde sono importanti, perché senza di queste la dichiarazione sarebbe stata:

```
float *f(int a, int b);
```

Quest'altra dichiarazione significa invece che la funzione si aspetta due interi e ritorna un puntatore a float.

Per indicare che una funzione si aspetta come parametro un puntatore a funzione non si fa altro che inserire la dichiarazione prima mostrata nell'elenco dei parametri. Per esempio:

```
void g( float f1, float f2, float (*f)(int a, int b);
```

All'interno della funzione chiamata è poi possibile utilizzare la funzione passata come parametro:

```
float o;
o = f( 5, 6);
```

Una sintassi alternativa è quella di esplicitare il fatto che f non è un nome di funzione vero e proprio, ma un puntatore a funzione:

```
float o;
o = (* f)(5, 6);
```

Quando è necessario eseguire una chiamata a cui è necessario passare un puntatore a funzione è sufficiente specificare il nome della funzione da passare. Sarà compito del compilatore individuarne l'indirizzo corretto, senza che l'utente debba utilizzare esplicitamente l'operatore &. Per esempio:

```
void g( float f1, float f2, float (*f)(int a, int b);

float miaf( int a, int b )
{
    return ((float)( a + b )) / 2;
}

int main()
```

```
{
    g( 2.3, 4.5, miaf);
}
```

Un esempio completo è quello che segue. Contiene l'implementazione di Bubble Sort utilizzando i puntatori. Questi sono impiegati per due motivi.

- Implementare lo scambio di elementi del vettore da ordinare attraverso una funzione esterna, semplificando l'algoritmo mediante una ulteriore suddivisione in funzioni.
- Poter scegliere la logica di ordinamento degli elementi, per esempio per poter ordinare in modo crescente o decrescente i valori.

Si troveranno infatti nel codice le implementazioni delle funzioni `crescente()` e `decrescente()`, che contengono la logica per capire se un elemento è maggiore o minore di un altro. La funzione `scambia()`, invece, si occupa di invertire due elementi del vettore.

Il programma invoca la funzione di ordinamento passando prima la funzione necessaria a ottenere un ordine crescente, mentre la seconda volta passa la funzione per ordinare in modo decrescente.

```
#include <stdio.h>

#define BOOL int
#define FALSE 0
#define TRUE !FALSE

void ordina(int v[], const int s,
    int (*confronto)(int a, int b));
void scambia(int v[], const int i, const int k);
int crescente( int a, int b );
int decrescente( int a, int b );

void stampa(const int v[], const int s);

int main () {
    int v[] =
            { 23, 17, 13, 29, 5, 3, 11, 2, 7, 19 };

    stampa(v, 10);
```

```
    ordina(v, 10, crescente);
    stampa(v, 10);

    ordina(v, 10, decrescente);
    stampa(v, 10);

    return 0;
}

void ordina(int v[], const int s,
    int (*confronto)(int a, int b))
{
    int i;
    int t;
    BOOL scambiati = FALSE;

    do {
            scambiati = FALSE;

            for( i = 0; i < s - 1; i++)
            {
                if ( confronto(v[ i ], v[ i + 1 ]) )
                {
                    scambia( v, i, i + 1 );
                    scambiati = TRUE;
                }
            }
    } while( scambiati );
}

int crescente( int a, int b )
{
    return (a > b);
}

int decrescente( int a, int b )
{
    return (a < b);
}
```

```
void scambia(int v[], const int i, const int k)
{
    int t;

    t = v[ i ];
    v[ i ] = v[ k ];
    v[ k ] = t;
}

void stampa(const int v[], const int s)
{
    int i;

    printf("v[] = ");

    for( i = 0; i < s; i++ )
    {
        printf("%3d ", v[ i ] );
    }

    printf("\n");
}
```

L'output del programma è il seguente. Nella prima riga c'è il vettore non in ordine, la seconda riga contiene il vettore ordinato in modo crescente, mentre la terza contiene lo stesso vettore ordinato in modo decrescente:

```
v[] =  23  17  13  29   5   3  11   2   7  19
v[] =   2   3   5   7  11  13  17  19  23  29
v[] =  29  23  19  17  13  11   7   5   3   2
```

Capitolo 8

Stringhe

La capacità di gestire facilmente dati testuali è un elemento fondamentale nei programmi software. Le piattaforme e i linguaggi di programmazione di moderna concezione, infatti, integrano un tipo di dato specifico per gestire i testi. Nel linguaggio C sono presenti una serie di funzioni per il supporto del testo anche se non è presente un tipo di dato specifico.

In generale, i testi sono chiamati stringhe, e sono una sequenza di caratteri. Nel linguaggio C, le stringhe sono implementate come vettori di `char` che terminano con il carattere `\0` (ASCII 0). Questo capitolo affronta il supporto che il linguaggio C offre alle stringhe.

Dichiarazione

Per dichiarare una stringa è possibile utilizzare due diverse modalità. La prima è quella di impiegare un vettore. In questo caso, viene anche riservata la memoria necessaria a contenere i caratteri.

Per esempio, per dichiarare una stringa lunga al massimo 20 si può scrivere:

```
char v[ 20 ];
```

L'altra modalità è quella di utilizzare un puntatore. Come si ricorderà dal capitolo precedente, un nome di vettore è allo stesso tempo un puntatore al primo elemento dello stesso. Quindi, per dichiarare una stringa si può scrivere anche:

```
char *s;
```

C'è però una sostanziale differenza tra le due dichiarazioni.

Nel primo caso c'è anche una allocazione di memoria, mentre nel secondo viene riservato solo lo spazio per contenere un indirizzo.

Questa differenza è descritta in Figura 8.1.

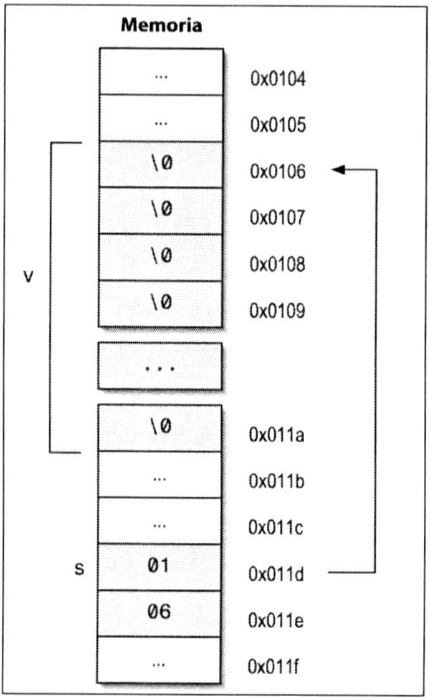

Figura 8.1 Nella dichiarazione di stringhe l'uso di vettori o di puntatori non comporta la stessa allocazione di memoria.

Inizializzazione

Per inizializzare una stringa ci si può comportare come con un normale vettore. È quindi possibile iterare su tutti gli elementi per assegnare un valore a ciascun carattere, oppure fornire una lista di inizializzazione. Un esempio del primo metodo è il seguente:

```
int i;
char s[ 20 ];

for( i = 0; i < 20; i++ )
{
     s[ i ] = 0;
}
```

La lista di inizializzazione può invece essere utilizzata anche nel modo seguente (si noti che in ultima posizione è presente un `\0`, che rappresenta la fine della stringa):

```
char s[] = { 'H', 'e', 'l', 'l', 'o', ' ', 'W', 'o',
'r', 'l', 'd', '!', '\0' };
```

È possibile inizializzare le stringhe in modo più compatto, assegnando una stringa delimitata da parentesi a un puntatore a carattere o ad un vettore a carattere. In questo caso l'aggiunta del carattere `\0` alla fine della stringa è automaticamente eseguita dal compilatore:

```
char *s = "Hello World!";
char s[] = "Hello World!";
```

La rappresentazione in memoria della stringa Hello World è descritta in Figura 8.2.

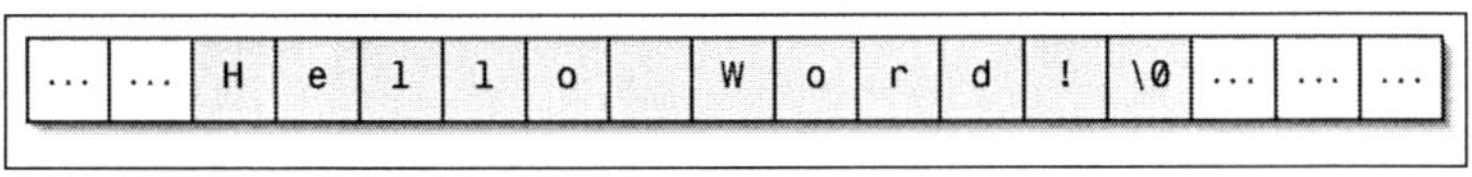

Figura 8.2 Una stringa è terminata sempre dal carattere \0.

Leggere una stringa

La lunghezza di una stringa è data dal numero dei suoi caratteri, escluso il `\0` finale. Per esempio, la stringa utilizzata nelle inizializzazioni precedenti è lunga 12. Non si confonda la lunghezza di una stringa con la dimensione dell'area di memoria preposta a contenerla. Per esempio, è possibile allocare un vettore di 256 byte, ma occuparlo solo parzialmente. Quello che conta è la posizione del carattere che indica il termine della strunga: `\0`. Ovviamente è necessario porre attenzione a non superare la dimensione della memoria disponibile a contenere la stringa. Diversamente potrebbero presentarsi malfunzionamenti simili a quelli che avvengano quando ci sono errori nell'utilizzo dell'aritmetica dei puntatori.

Un caso tipico dove si alloca della memoria in abbondanza rispetto all'utilizzo effettivo è quando si acquisisce del testo dall'utente, operazione che avviene attraverso la funzione `scanf()`:

```
#include <stdio.h>

int main () {
```

```
    char s[256];

    printf("Digita la stringa: ");
    scanf("%s", &s);

    printf("La stringa e' : %s\n", s);

    return 0;
}
```

Si noti che il tipo di dato che rappresenta una stringa nei formati di input e output è `%s`*, mentre per gli interi si utilizza* `%d`.

Un esempio di utilizzo del programma è il seguente:

```
Digita la stringa: Prova
La stringa e' : Prova
```

In Figura 8.3 è rappresentata la situazione in memoria, dove si nota che la dimensione totale del vettore è di 256 elementi, ma che solo i primi 12 sono occupati.

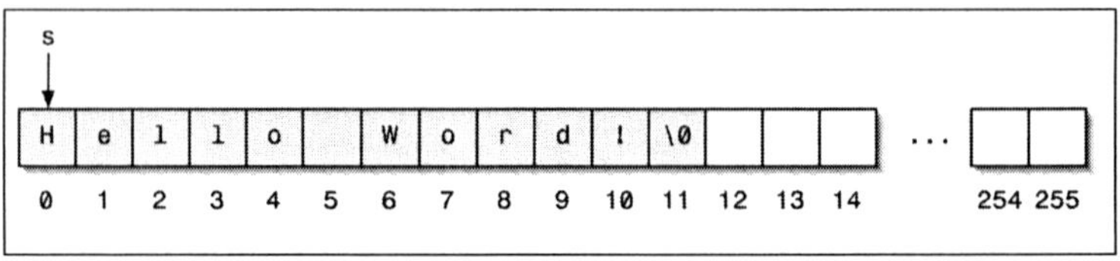

Figura 8.3 Un vettore parzialmente riempito dai dati di una stringa.

Libreria di funzioni

Il linguaggio C è supportato da una libreria di base che contiene numerose funzioni per svariati scopi, dall'input/output, alla gestione dei processi, all'accesso al sistema operativo, alla gestione della memoria, delle stringhe e dei caratteri. Alcune funzioni sono già state introdotte nei capitoli precedenti, mentre altre vengono descritte ora.

- Il file di intestazione `ctype.h` contiene una serie di funzioni di supporto ai caratteri.

- Il file di intestazione `string.h` contiene la dichiarazione di numerose funzioni di manipolazione delle stringhe.

Funzioni sui caratteri

Le funzioni presenti nella libreria `ctype.h` consentono di conoscere la tipologia del carattere passato come parametro:

- `isalnum(int c)`.Ritorna un valore diverso da zero se il carattere è una lettera (A-Z oppure a-z) o una cifra (0-9).
- `isalpha(int c)`.Ritorna un valore diverso da zero se il carattere è una lettera (A-Z oppure a-z).
- `iscntrl(int c)`.Ritorna un valore diverso da zero se il carattere è un qualsiasi carattere di controllo (0x00-0x1F oppure 0x7F).
- `isdigit(int c)`.Ritorna un valore diverso da zero se il carattere è una cifra (0-9).
- `isgraph(int c)`.Ritorna un valore diverso da zero se il carattere è un qualsiasi carattere stampabile eccetto lo spazio (0x21-0x7E).
- `islower(int c)`.Ritorna un valore diverso da zero se il carattere è una lettera minuscola (a-z).
- `isprint(int c)`.Ritorna un valore diverso da zero se il carattere è un qualsiasi carattere stampabile (0x20-0x7E).
- `ispunct(int c)`. Ritorna un valore diverso da zero se il carattere è un qualsiasi carattere di punteggiatura (qualsiasi carattere stampabile eccetto lo spazio e i caratteri ritornati da `isalnum()`).
- `isspace(int c)`.Ritorna un valore diverso da zero se il carattere è uno spazio bianco (spazio, tabulazione, ritorno carrello, nuova riga, tab verticale o avanzamento pagina).
- `isupper(int c)`.Ritorna un valore diverso da zero se il carattere è una lettera maiuscola (A-Z).
- `isxdigit(int c)`.Ritorna un valore diverso da zero se il carattere è una cifra esadecimale (0-9, A-F oppure a-f).

L'implementazione di queste funzioni su sistemi che utilizzano i caratteri ASCII sono molto semplici, in quanto non fanno altro che verificare il valore del parametro confrontandolo con gli operatori di maggiore e minore. Le lettere e i numeri sono infatti codificati in modo crescente, il che consente di esprimere queste funzioni attraverso semplici espressioni. Nel programma che segue c'è un esempio di implementazione di alcune di queste funzioni:

```
#include <stdio.h>

int isspace(int c)
{
     return c == ' ';
}

int isupper(int c)
{
     return c >= 'A' && c <= 'Z';
}

int isdigit(int c)
{
     return c >= '0' && c <= '9';
}

int main () {
     int i;
     char c[] = { ' ', ';', 'B', 'k', '0', };

     for (i = 0; i < 5; i++)
     {
printf("%c isspace()=%d isupper()=%d isdigit()=%d\n",
c[i], isspace(c[i]), isupper(c[i]), isdigit(c[i]) );
     }

     return 0;
}
```

L'output del programma è il seguente:

```
 isspace()=1 isupper()=0 isdigit()=0
; isspace()=0 isupper()=0 isdigit()=0
B isspace()=0 isupper()=1 isdigit()=0
k isspace()=0 isupper()=0 isdigit()=0
0 isspace()=0 isupper()=0 isdigit()=1
```

Funzioni sulle stringhe

Le funzioni sulle stringhe della libreria `string.h` si dividono in diverse categorie, ciascuna delle quali dispone di funzioni che operano su tutta la stringa o solo su una sua parte. Le tipologie sono le seguenti:

- modifica;
- ricerca;
- confronto;
- copia;
- altro.

Funzioni di modifica

Le funzioni di modifica consentono di concatenare, suddividere o trasformare una stringa.

strcat

Aggiunge la stringa `str2` alla fine della stringa `str1` sovrascrivendo il carattere `\0` di `str1`. La copia termina una volta raggiunto e copiato il terminatore. Se ci sono sovrapposizioni tra le due stringhe il risultato è indefinito. Ritorna un puntatore a `str1`.

Il prototipo della funzione è il seguente:

```
char *strcat(char *str1, const char *str2);
```

Per esempio:

```
#include <stdio.h>

int main () {
     char s1[256];
     char s2[256];

     printf("Digita la stringa 1: ");
     scanf("%s", &s1);

     printf("Digita la stringa 2: ");
     scanf("%s", &s2);
```

```
    printf("strcat(): %s\n", strcat(s1, s2));

    return 0;
}
```

Un esempio di utilizzo è il seguente:

```
Digita la stringa 1: Hello
Digita la stringa 2: World!
strcat(): HelloWorld!
```

strncat

Funziona come `strcat`, ma elabora solo i primi n caratteri della stringa `str2`. Se quest'ultima è più corta termina alla fine di `str2`.

Il prototipo della funzione è il seguente:

```
char *strncat(char *str1, const char *str2, size_t n);
```

strtok

Suddivide la stringa `str1` in una serie di token. La stringa `str2` identifica una serie di separatori che vengono cercati in `str1` e indicano quindi la fine di un token e l'inizio del successivo. Per ottenere tutti i token della stringa è necessario passare `NULL` come primo parametro dalla seconda chiamata in poi. Il contenuto di `str2` può cambiare da una chiamata all'altra. La funzione ritorna un puntatore al primo token in `str1` o `NULL` se questo non è stato trovato.

Il prototipo della funzione è il seguente:

```
char *strtok(char *str1, const char *str2);
```

strxfrm

Trasforma la stringa `str2` e memorizza il risultato in `str1`, elaborando i primi n caratteri. Il risultato può essere considerato una sorta di "minimo comun denominatore" nel set di caratteri specifico per una data lingua. Questa trasformazione serve per poter implementare la funzione `strcoll()`, che consente di confrontare due stringhe che utilizzano set di caratteri diversi dall'inglese. Se le due stringhe si sovrappongono il risultato è indefinito. Ritorna la lunghezza della stringa trasformata.

Il prototipo della funzione è il seguente:

```
size_t strxfrm(char *str1, const char *str2,
               size_t n);
```

Funzioni di ricerca

In questo gruppo ci sono funzioni per la ricerca di un carattere, di una stringa o di una sua parte all'interno di una stringa da analizzare.

strchr

Cerca la prima occorrenza del carattere `c`, che può essere anche `\0`, nella stringa `str`. Ritorna un puntatore al primo carattere trovato o `NULL` se questo non viene trovato.

Il prototipo della funzione è il seguente:

```
char *strchr(const char *str, int c);
```

Per esempio:

```
#include <stdio.h>

int main () {
     char *s = "Hello World!";
     char c = 'W';

    printf("strchr(): %s\n", strchr(s, c));

    return 0;
}
```

L'output del programma è il seguente:

```
strchr(): World!
```

strcspn

Individua la prima parte della stringa `str1` che non contiene nessun carattere specificato in `str2`. Ritorna la lunghezza della stringa individuata.

Il prototipo della funzione è il seguente:

```
size_t strcspn(const char *str1, const char *str2);
```

Per esempio:

```
#include <stdio.h>

int main () {
     char *s1 = "Hello World!";
```

```
    char *s2 = "ldW";

    printf("strcspn(): %d\n", strcspn(s1, s2));

    return 0;
}
```

Il programma produce il seguente output:

```
strcspn(): 2
```

strpbrk

Individua il primo carattere presente nella stringa `str1` tra quelli specificati nella stringa `str2`. Ritorna il puntatore a questo carattere, se trovato, oppure `NULL`.

Il prototipo della funzione è il seguente:

```
char *strpbrk(const char *str1, const char *str2);
```

Per esempio:

```
#include <stdio.h>

int main () {
    char *s1 = "Hello World!";
    char *s2 = "ldW";

    printf("strpbrk(): %s\n", strpbrk(s1, s2));

    return 0;
}
```

Il programma produce il seguente output:

```
strpbrk(): llo World!
```

strrchr

Ritorna l'ultima occorrenza del carattere passato come parametro nella stringa, considerando anche il carattere terminatore. Ritorna un puntatore al carattere individuato o `NULL` se questo non viene individuato. Il prototipo della funzione è il seguente:

```
char *strrchr(const char *str, int c);
```

Per esempio:

```
#include <stdio.h>

int main () {
     char *s = "Hello World!";
     char c = 'l';

    printf("strrchr(): %s\n", strrchr(s, c));

    return 0;
}
```

L'output del programma è il seguente:

```
strrchr(): ld!
```

strspn

Individua la prima sequenza di caratteri nella stringa `str1` che contiene qualsiasi carattere tra quelli presenti in `str2`. Ritorna la lunghezza della stringa individuata.

Il prototipo della funzione è il seguente:

```
size_t strspn(const char *str1, const char *str2);
```

Per esempio:

```
#include <stdio.h>

int main () {
     char *s1 = "Hello World!";
     char *s2 = "leHo";

    printf("strspn(): %d\n", strspn(s1, s2));

    return 0;
}
```

L'output del programma è il seguente:

```
strspn(): 5
```

strstr

Individua la prima occorrenza della stringa `str2` (escluso il terminatore) nella stringa `str1`. Ritorna il puntatore alla stringa o `NULL` se il dato non è stato individuato.

Il prototipo della funzione è il seguente:

```
char *strstr(const char *str1, const char *str2);
```

Per esempio:

```
#include <stdio.h>

int main () {
    char *s1 = "Hello World!";
    char *s2 = "World";

    printf("strstr(): %s\n", strstr(s1, s2));

    return 0;
}
```

L'output del programma è il seguente:

```
strstr(): World!
```

Funzioni di confronto

Le funzioni di confronto permettono di confrontare due stringhe per capire se sono uguali o se, alfabeticamente, una viene prima dell'altra.

strcmp

Confronta le due stringhe passate come parametro. Ritorna zero se sono uguali, un valore più grande di zero se `str1` è maggiore di `str2` o un valore inferiore a zero nel caso contrario.

Il prototipo della funzione è il seguente:

```
int strcmp(const char *str1, const char *str2);
```

Per esempio:

```
#include <stdio.h>

int main () {
    char *s1 = "Pietro";
```

```
        char *s2 = "Maurizio";
        char *s3 = "Andrea";

        printf("strcmp(s1, s2): %d\n", strcmp(s1, s2));
        printf("strcmp(s2, s3): %d\n", strcmp(s2, s3));
        printf("strcmp(s3, s1): %d\n", strcmp(s3, s1));
        printf("strcmp(s1, s1): %d\n", strcmp(s1, s1));

        return 0;
    }
```

L'output del programma è il seguente:

```
strcmp(s1, s2): 3
strcmp(s2, s3): 12
strcmp(s3, s1): -15
strcmp(s1, s1): 0
```

strncmp

Confronta i primi n caratteri delle due stringhe e comunque fino al raggiungimento del terminatore di stringa. Il valore di ritorno è determinato come nella funzione precedente.

Il prototipo della funzione è il seguente:

```
int strncmp(const char *str1, const char *str2,
            size_t n);
```

strcoll

Funziona come `strcmp()` ma il risultato è dipendente dall'impostazione di `LC_COLLATE`, che è relativa alla gestione delle informazioni localizzate in lingue diverse dall'inglese.

Il prototipo della funzione è il seguente:

```
int strcoll(const char *str1, const char *str2);
```

Funzioni di copia

Le funzioni di copia consentono di copiare una stringa da un'area di memoria all'altra, eventualmente limitando l'elaborazione a un numero di caratteri predefiniti.

strcpy

Copia la stringa `str2` su `str1` incluso il carattere terminatore. Se l'area di memoria delle due stringhe si sovrappone il risultato è indefinito. Ritorna il puntatore `str1`.

Il prototipo della funzione è il seguente:

```
char *strcpy(char *str1, const char *str2);
```

Per esempio:

```
#include <stdio.h>

int main () {
     char *s1 = "Hello World!";
     char s2[256];

     strcpy(s2, s1);
    printf("strcpy(): %s\n", s2);

    return 0;
}
```

L'output del programma è il seguente:

```
strcpy(): Hello World!
```

strncpy

Agisce come la funzione precedente ma copia solo i primi `n` caratteri di `str2`. Termina prima se la stringa è più corta.

Il prototipo della funzione è il seguente:

```
char *strncpy(char *str1, const char *str2, size_t n);
```

Funzioni varie

In questo gruppo ci sono funzioni di varia utilità.

strerror

Individua, in un vettore interno, la descrizione dell'errore relativa al codice passato come parametro e ne ritorna il puntatore.

Il prototipo della funzione è il seguente:

```
char *strerror(int errnum);
```

strlen

Determina la lunghezza della stringa e la ritorna. Il terminatore di stringa non viene conteggiato.

Il prototipo della funzione è il seguente:

```
size_t strlen(const char *str);
```

Per esempio:

```
#include <stdio.h>

int main () {
    char *s = "Hello World!";

    printf("strlen(): %d\n", strlen(s));

    return 0;
}
```

L'output del programma è il seguente:

```
strlen(): 12
```

Implementazione delle funzioni

Il compilatore C viene fornito completo di tutte queste funzioni, che quindi sono immediatamente disponibili per il loro uso all'interno dei programmi. È interessante analizzare come queste funzioni potrebbero essere implementate da zero, per capire meglio la logica di gestione delle stringhe, dei puntatori e della memoria.

Determinare la lunghezza di una stringa

Un esempio molto semplice che coinvolge le stringhe è la determinazione della lunghezza, che è ottenibile scorrendone il contenuto fino al raggiungimento del carattere terminatore `\0`. Una possibile implementazione è riportata nella seguente. Come si nota dal codice, viene inizializzato un contatore, che poi sarà ritornato dalla funzione e che conterrà la lunghezza della stringa. Questo viene incrementato in un ciclo che gira fino a che ci sono caratteri. Il compilatore valuta l'espressione `*s++` nel seguente modo: per prima cosa viene determinato il valore di `*s`. Con l'operatore di indirezione `*` (asterisco) si ottiene il valore puntato, che in questo caso è il carattere attuale puntato da s.

Quando il carattere corrente è `\0`, il ciclo termina, poiché `\0` equivale a zero e un'espressione con questo valore significa "falso" in tutti i cicli e istruzioni di salto condizionale. Dopo aver valutato `*s`, il compilatore incrementa il valore di s di una posizione, attraverso l'operatore `++`. Quindi l'espressione `*s++` ha l'effetto di ritornare il valore del carattere corrente e di avanzare il puntatore di una posizione. Ma il ciclo ha anche un'altra condizione, che è legata alla prima da un operatore AND. Il ciclo prosegue cioè fino a che s non vale `NULL`. Questo consente di evitare malfunzionamenti nel caso che alla funzione siano passati puntatori `NULL`. In questo caso infatti il ciclo non inizia neanche.

```
#include <stdio.h>

int strlen(const char *s)
{
    int i = 0;

    while( s && *s++ ) {
            i++;
    }

    return i;
}
```

Il programma di prova è il seguente:

```
int main () {
    char *s = "Hello World!";

    printf("La stringa e' lunga %d caratteri\n",
            strlen(s));
    printf("NULL e' lungo %d caratteri\n",
            strlen(NULL));
    printf("\"\" e' lungo %d caratteri\n",
            strlen(""));

    return 0;
}
```

L'output del programma è il seguente:

```
La stringa e' lunga 12 caratteri
NULL e' lungo 0 caratteri
"" e' lungo 0 caratteri
```

Cercare un carattere

Per cercare un carattere in una stringa solitamente si procede sequenzialmente dall'inizio alla fine controllando ciascuna posizione e terminando quando si individua quanto cercato, oppure si incontra il terminatore di stringa `\0`. Una possibile implementazione della funzione standard di ricerca di un carattere presente nella libreria del linguaggio, `strchr()`, è la seguente:

```
char *strchr(const char *s, int c)
{
    while( s && *s && *s++ != c );
    return (s && c != '\0' && *--s != c) ? NULL : s;
}
```

Questo codice è un po' criptico, ed è un buon esempio di come si possa utilizzare il linguaggio C per scrivere codice illeggibile, ma compatto. Il funzionamento è il seguente: il ciclo prosegue fino a quando:

- il puntatore alla stringa è diverso da `NULL`, condizione codificata con l'espressione `s`. Questo garantisce anche che il ciclo non inizi neanche se viene passato un puntatore `NULL`.
- Il carattere puntato è diverso da `\0`, condizione codificata con l'espressione `*s`. Questo controllo è indispensabile per assicurarsi di non procedere oltre la fine della stringa.
- Il carattere corrente è diverso da quello cercato, condizione codificata con l'espressione `*s++ != c`. La presenza dell'operatore `++` assicura che a ogni valutazione di questa espressione, e quindi a ogni iterazione, `s` venga aumentato di una posizione.

In questo modo il ciclo si interrompe quando:

- il puntatore è `NULL`;
- il puntatore si riferisce a un carattere `\0`;
- Il puntatore si riferisce al carattere cercato.

L'espressione di ritorno è anch'essa un po' complessa, per via del fatto che le specifiche di `strchr()` richiedono un comportamento specifico nei vari casi. L'espressione viene valutata come segue: se `s` è un puntatore valido, il carattere cercato non è `\0` e il carattere precedente (l'iterazione ha spostato in avanti il puntatore di una posizione rispetto al carattere da individuare) non è uguale a quello cercato, ritorna `NULL`. Questo valore di ritorno indica che il carattere non è stato trovato. Altrimenti ritorna il puntatore al carattere cercato.

Una possibile alternativa di implementazione, che predilige la leggibilità rispetto alla compattezza del codice, è la seguente:

```
char *strchr2(const char *s, int c)
{
    if (s == NULL)
    {
            return NULL;
    }

    while(1)
    {
            if (*s == c)
            {
                    return s;
            }
            if (*s == '\0')
            {
                    break;
            }

            s++;
    }

    return NULL;
}
```

Il funzionamento è il seguente:

- se viene passato un puntatore `NULL`, viene restituito `NULL`.
- Viene impostato un ciclo infinito che gira fino a quando non viene trovato il carattere cercato (in questo caso ne viene ritornato il puntatore), oppure viene incontrato il terminatore di stringa `\0` (in questo caso l'esecuzione salta al di fuori del ciclo).
- Al termine della funzione, se il carattere non è stato trovato, oppure è stato incontrato il `\0`, viene restituito `NULL`.

Si noti che il controllo del carattere terminatore viene eseguito dopo la condizione di controllo per la ricerca del carattere. Questo consente di individuare anche il `\0`, come richiesto dalle specifiche di `strchr()`.

Reimplementare strlen()

Una volta costruita la funzione `strchr()` è possibile reimplementare `strlen()` semplicemente utilizzando l'aritmetica dei puntatori. La funzione di ricerca consente infatti di individuare anche `\0`, quindi è sufficiente individuare il puntatore a questo carattere e calcolare la differenza con il puntatore al primo carattere:

```
int strlen(const char *s)
{
    return strchr(s, '\0') - s;
}
```

Copiare due stringhe

Un'altra funzione importante e che può servire in seguito per implementarne delle altre è `strcpy()`, la funzione che esegue la copia di una stringa sull'altra. L'implementazione che segue prevede i seguenti passi:

- per prima cosa viene salvato il puntatore alla stringa su cui copiare, in quanto sarà necessario restituirla al termine della funzione.
- Viene impostato un ciclo che itera fino a quando i puntatori delle due stringhe sono validi, condizione utile principalmente per evitare di eseguire il ciclo con puntatori `NULL` e fino a quando il carattere puntato dalla stringa di origine è diverso da `\0`.
- All'interno del ciclo viene eseguita la copia, ottenendo il valore del carattere attualmente puntato nella stringa di origine e assegnandolo alla stringa di destinazione. Contestualmente i puntatori vengono avanzati di un carattere.
- Al termine del ciclo, solo se `str1` è un puntatore valido, viene inserito il carattere terminatore di stringa. Si noti che per effetto della precedenza degli operatori, `str1` è già posizionato al carattere successivo all'ultimo copiato.

Il codice è il seguente:

```
char *strcpy(char *str1, const char *str2)
{
    char *s;

    s = str1;
```

```
        while( str1 && str2 && *str2 )
        {
                *str1++ = *str2++;
        }

        if (str1)
        {
                *str1 = '\0';
        }

        return s;
    }
```

Concatenare due stringhe

Le funzioni `strchr()` e `strcpy()` risultano molto utili per implementare diverse altre funzioni della libreria. Per esempio, possono essere utilizzate per implementare `strcat()`, la funzione di concatenamento di due stringhe. Un possibile utilizzo di questa funzione è la seguente:

```
    char *strcat(char *str1, const char *str2)
    {
        char *s;

        s = strchr(str1, '\0');
        strcpy(s, str2);

        return str1;
    }
```

Come si nota dal codice, non viene fatto altro che individuare la fine della prima stringa e copiare la seconda sulla posizione individuata. Non c'è controllo di `NULL` in quanto questo viene già svolto dalle due funzioni richiamate.

Confrontare due stringhe

Un'altra funzione fondamentale nella libreria standard del linguaggio C è `strcmp()`, che consente di confrontare due stringhe. Questa ritorna un valore intero che indica se la prima stringa è alfabeticamente precedente o successiva alla seconda.

Una implementazione possibile è la seguente:

```
int strcmp(const char *str1, const char *str2)
{
    while( str1 && str2 )
    {
            if (*str1 != *str2)
            {
                    return *str1 - *str2;
            }

            if (!*str1)
            {
                    break;
            }

            str1++;
            str2++;
    }

    return 0;
}
```

La condizione di controllo del ciclo serve solo a accertare che non vengano passati puntatori nulli. Dopo di che, vengono confrontati tutti i caratteri e, nel caso siano diversi, viene restituita la loro differenza. Questo esame avviene anche se il carattere è `\0`, in quanto la verifica per individuare la fine della stringa avviene solo nel controllo successivo, che non fa altro che interrompere il ciclo. Poi i puntatori vengono avanzati per passare all'esame del carattere successivo. Se il ciclo termina, significa che tutti i caratteri sono uguali, quindi viene ritornato `0`.

Buffer overflow

L'implementazione delle stringhe nel linguaggio C è un po' fragile, se confrontata con linguaggi a più alto livello e più recenti come Java o C#. In questi ultimi è presente infatti uno specifico tipo di dato che si occupa di gestire automaticamente l'allocazione della memoria e il controllo dei limiti della stringa. Non è quindi possibile accedere in modo arbitrario alla memoria, ma è possibile operare solo all'interno di un contesto specifico.

Con il linguaggio C è quindi possibile incappare in errori di programmazione che producono un accesso errato alla memoria, possibile fonte di malfunzionamenti del software o elemento sfruttabile, da parte di malintenzionati, per una forzatura della sicurezza del sistema.

Un problema tipico è il *buffer overflow*, che avviene quando un processo assegna dei dati oltre ai limiti della stringa. Questo comporta la scrittura di dati nelle aree di memoria contigue, che di norma non sono relazionate in alcun modo alla stringa originale. Si può facilmente ottenere un overflow scrivendo una stringa lunga 10 in un vettore di 5 caratteri. La funzione `strcpy()` non esegue controlli, quindi i 5 byte eccedenti vengono scritti in memoria in seguito allo spazio della stringa. Questo evento può essere molto problematico, in quanto queste aree di memoria erroneamente sovrascritte potrebbero essere dedicate ad altre stringhe o variabili che il programma utilizza per il controllo del flusso. È quindi possibile che vengano generati valori di output non corretti o crash di sistema.

I buffer overflow sono spesso utilizzati dai pirati informatici per ottenere informazioni riservate o per eseguire codice maligno che ha lo scopo di ottenere l'accesso non autorizzato a computer remoti. Questo avviene fornendo intenzionalmente un input di dimensioni eccessive o in un formato sbagliato allo scopo di indurre il software in errore o per posizionare le informazioni fornite in locazioni di memoria che diversamente sarebbero riservate al funzionamento interno del sistema. In questo modo diventa possibile eseguire codice arbitrario sul computer remoto, il primo passo necessario a ottenere il totale controllo del sistema attaccato.

Capitolo 9

Strutture e unioni

In questo capitolo viene affrontato un argomento molto importante per la creazione di software complessi. Le strutture sono un insieme di variabili di tipo anche diverso, ma correlate in modo logico, che possono essere impiegate come una entità unica. Da questo punto di vista è immediato scorgere similitudini con i vettori i quali, però sono composti da elementi dello stesso tipo. Le strutture invece possono contenere variabili di tipo diverso, come per esempio altre strutture.

La possibilità di raggruppare variabili da un punto di vista logico è una funzionalità di importanza fondamentale specialmente in software di dimensioni notevoli. Una struttura, per esempio, può comprendere diverse informazioni legate ad un singolo cliente, come la ragione sociale, l'indirizzo, il numero di telefono e così via.

Dichiarazione

Per dichiarare una struttura di utilizza la parola chiave `struct`, a cui può seguire un nome a scelta e un elenco obbligatorio di variabili, racchiuso da parentesi graffe. Per esempio, la struttura seguente definisce il concetto di "punto" sul piano cartesiano:

```
struct Punto {
    int x,
    int y;
};
```

Questa dichiarazione indica al compilatore di riservare lo spazio di memoria necessario a contenere tutte le variabili definite nell'elenco. Si noti che al termine della parentesi graffa è presente un punto e virgola. La parola chiave `struct` di fatto definisce un nuovo tipo di dato, chiamato in questo caso `Punto`, che si aggiunge all'insieme dei tipi di dati fondamentali del linguaggio.

All'interno della dichiarazione di una struttura può essere utilizzato un qualsiasi tipo di dato, inclusa un'altra struttura. Nell'esempio seguente una linea viene definita da un punto iniziale e uno finale:

```
struct Linea {
     struct Punto inizio;
     struct Punto fine;
}
```

Utilizzo

Per impiegare i nuovi tipi di dati definiti con `struct` è necessario dichiarare delle variabili di quel tipo, in modo simile a quanto si fa con i tipi di dati fondamentali. Per esempio, per dichiarare una variabile di tipo `Punto` si può scrivere:

```
struct Punto p;
```

Anche le strutture supportano una lista di inizializzazione simile a quella che si utilizza con i vettori. Per esempio, è possibile inizializzare una struttura `Punto` come segue:

```
struct Punto p = { 100, 200 };
```

È possibile anche dichiarare una variabile di tipo struttura contestualmente alla dichiarazione della struttura stessa. Per esempio il codice seguente dichiara la variabile `p` di tipo `Punto`:

```
struct Punto {
     int x,
     int y;
} p;
```

Oltre alla variabile è possibile specificare una lista di inizializzazione:

```
struct Punto {
     int x,
     int y;
} p = { 100, 200 };
```

Ovviamente è possibile dichiarare vettori di strutture, per esempio si potrebbe voler memorizzare l'insieme dei vertici di un poligono. La sintassi prevede, come sempre nel caso di vettori, l'uso dell'operatore `[]`. Per esempio:

```
#define MAX_VERTICI 99
struct Punto vertici[ MAX_VERTICI ];
```

Accesso

Per accedere agli elementi di una struttura si utilizza l'operatore . (punto), che si pone tra il nome della variabile di tipo struttura e il nome della variabile a cui si vuole accedere. Per esempio, per valorizzare la variabile p di tipo Punto è possibile scrivere:

```
p.x = 100;
p.y = 230;
```

Un altro esempio: per produrre in output i dati della struttura si può scrivere:

```
printf("(%d, %d)\n", p.x, p.y);
```

L'output è il seguente:

```
(100, 230)
```

Strutture e funzioni

Anche le strutture possono essere passate come parametro alle funzioni o restituite come valore di ritorno. Il passaggio di parametri avviene per valore, quindi all'invocazione di una funzione che si aspetta parametri di tipo struttura, questi vengono copiati integralmente in una nuova area di memoria, prima che il controllo passi alla funzione chiamata. È quindi opportuno porre una certa attenzione alla dimensione delle strutture passate come parametro, perché a ogni chiamata il compilatore esegue una copia completa.

In alternativa è possibile passare le strutture per riferimento, passandone un puntatore e utilizzando l'operatore & per ottenere l'indirizzo della struttura. Per esempio:

```
void stampa(Punto *p);

struct Punto p;

p->x = 100;
p->y = 200;

stampa( &p );
```

Si noti che se si stanno utilizzando puntatori a strutture non è possibile utilizzare l'operatore . (punto) ma è necessario utilizzare l'operatore ->. Nell'esempio precedente è stato utilizzato questo operatore per valorizzare i campi x e y della struttura.

Nuovi tipi

Per rendere più compatta la dichiarazione di una variabile di tipo struttura, ma anche per rendere più leggibile il codice è possibile dichiarare dei nuovi tipi di dati utilizzando la parola chiave `typedef`. Per esempio, si potrebbe voler definire un nuovo tipo che indica la dimensione in byte di un oggetto e che si desidera chiamare `size_t`. In questo caso si può scrivere:

```
typedef int size_t;
```

Con questa linea di codice si segnala al compilatore che il nuovo tipo di dato `size_t` è basato su `int`. Si può anche pensare di creare un tipo stringa:

```
typedef char *String;
```

Oppure è possibile utilizzare una struttura:

```
typedef struct _Punto {
        int x,
        int y;
} Punto;
```

In questo caso si noti che il nome del tipo è `Punto`, mentre il nome della struttura è `_Punto`. C'è una piccola differenza tra questi due identificatori: il secondo infatti inizia per underscore, mentre il primo no.

Unioni

Le unioni sono un concetto molto simile alle strutture e condividono con queste molta della loro sintassi. Le strutture elencano un insieme di variabili che sono mantenute separate in un'area di memoria dedicata. Anche le unioni definiscono un insieme di variabili, ma queste possono essere utilizzate in modo esclusivo e condividono la stessa area di memoria. Le variabili di un'unione possono essere considerate *viste* diverse di una stessa area di memoria. Un esempio di unione è il seguente:

```
union U {
        int a;
        float f;
        char c;
};
```

Questa unione presenta la possibilità di memorizzare un intero, un numero in virgola mobile oppure un carattere. Se si decide che una particolare variabile di tipo unione U verrà utilizzata per mantenere l'intero, non è possibile leggere o scrivere le altre variabili, altrimenti si distruggerà il valore associato alla variabile intera. È dunque indispensabile che il programma utilizzi in modo preciso una specifica variabile dell'unione. Per capire meglio questo concetto si osservi il programma seguente. Contiene una serie di esempi di assegnazione e lettura delle variabili di una stessa unione:

```
#include <stdio.h>

int main () {

    union {
            int a;
            float f;
            char c;
    } u;

    u.a = 0;
    printf("%10d %5.1f %c\n", u.a, u.f, u.c);

    u.c = 'A';
    printf("%10d %5.1f %c\n", u.a, u.f, u.c);

    u.a = 10;
    printf("%10d %5.1f %c\n", u.a, u.f, u.c);

    return 0;
}
```

L'output prodotto dal programma è il seguente. Come si nota, l'azzeramento produce una pulizia di tutte le variabili. Se si assegna il carattere A alla variabile c dell'unione, automaticamente anche le altre variabili risultano valorizzate, con dati imprecisati:

```
         0   0.0
1090519040   8.0 A
        10   0.0
```

Campi di bit

Le strutture prevedono anche la possibilità di specificare il numero di bit da assegnare a ciascuna variabile. Questa caratteristica può essere utile quando la memoria a disposizione è limitata e si desidera ottimizzarne l'uso il più possibile. In questo modo è possibile rappresentare in modo compatto valori booleani, valori in base ottale o altro, scegliendo liberamente il numero di bit da utilizzare per ciascuna variabile. Per esempio, la struttura seguente definisce tre campi di valore booleano che rappresentano i diritti di accesso sui file in ambiente Unix:

```
struct fs_flag {
    unsigned int read : 1;
    unsigned int write: 1;
    unsigned int exec: 1;
};
```

Per utilizzare questi bit si utilizza la normale sintassi delle strutture, considerando però che il valore che è possibile assegnare deve rientrare nei limiti imposti dalla quantità di bit richiesta. Nel caso di un bit singolo i soli valori consentiti sono `0` e 1. Per esempio:

```
struct fs_flag f;
f.read = 1;
f.write = 0;
f.exec = 1;
```

Nel codice seguente invece vengono utilizzati tre bit, quindi è possibile memorizzare un numero ottale:

```
struct Ottale {
    unsigned int o : 3;
} x;

x.o = 7;
```

Enumerazioni

Le enumerazioni sono utili per definire tipi di dati il cui valore deve rientrare in un insieme previsto dal programmatore. Questo controllo avviene in fase di compilazione. L'utilizzo delle enumerazioni può rendere il codice più robusto, in quanto si sfrutta il compilatore per eseguire dei controlli sulla qualità dei dati.

L'enumerazione seguente dichiara i semi delle carte:

```
enum { CUORI, QUADRI, FIORI, PICCHE };
```

A ogni enumerazione è possibile associare un nome:

```
enum Semi { CUORI, QUADRI, FIORI, PICCHE };
```

Il nome può essere utilizzato per dichiarare variabili di quel tipo. Per esempio:

```
enum Semi seme;
```

Ovviamente è possibile utilizzare anche la parola chiave `typedef` per definire un nuovo tipo di dato di tipo enumerazione:

```
enum _Semi { CUORI, QUADRI, FIORI, PICCHE };
typedef _Semi Semi;

Semi seme;
```

Inoltre, è possibile specificare il valore di ciascuna costante:

```
enum { CUORI = 1, QUADRI = 2, FIORI = 3, PICCHE = 4 };
```

Quando non si specifica il valore di una costante, esso assume il valore del precedente più uno. La dichiarazione sopra riportata è dunque equivalente alla seguente:

```
enum { CUORI = 1, QUADRI, FIORI, PICCHE };
```

Capitolo 10

Gestione della memoria

Il linguaggio C offre la possibilità di manipolare la memoria in modo diretto, utilizzando vettori e puntatori per allocare spazio e per saltare da un punto all'altro del segmento dati del programma.

Attraverso la dichiarazione di variabili e vettori si indica al compilatore di riservare una quantità di spazio predeterminato. Questa modalità di allocazione della memoria è detta *statica*, in quanto viene decisa a priori in fase di programmazione. Fortunatamente, il linguaggio C dispone di funzioni per l'allocazione *dinamica* della memoria, che rendono possibile riservare o rilasciare blocchi di spazio la cui dimensione è decisa in fase di esecuzione. In questo modo è possibile sviluppare programmi che abbiano un utilizzo di memoria di base minimo e che allochino spazio solo se necessario.

A titolo di esempio, si immagini il caso di un programma che, a intervalli regolari, acquisisce dati da un dispositivo di rilevazione della qualità dell'aria e ne calcoli alcune statistiche. Questo programma potrebbe dover mantenere in memoria questi dati e scaricarli su disco su comando della centrale operativa. Per evitare di allocare subito tutta la memoria necessaria all'acquisizione dei dati, si potrebbe gestire l'area che contiene i dati acquisiti in modo dinamico, richiedendo nuovo spazio solo quando viene esaurito quello disponibile.

Allocazione e rilascio

Le funzioni per il supporto alla gestione dinamica della memoria si trovano nella libreria `stdlib.h` e sono solo una manciata:

- `void *malloc(size_t size)`. Alloca un blocco di memoria della dimensione richiesta e ne ritorna il puntatore. Il blocco di memoria ha contenuto imprecisato. Se non c'è memoria disponibile ritorna `NULL`. La dimensione massima del blocco di memoria che è possibile allocare con questa funzione dipende dal processore, dalla memoria centrale e dal sistema operativo in uso.

- `void free(void *ptr)`. Rilascia il blocco di memoria precedentemente riservato con `malloc()`.
- `void realloc(void *ptr, size_t size)`. Cerca di modificare la dimensione del blocco di memoria precedentemente riservato con `malloc()` per soddisfare la nuova richiesta di spazio. Se questo non è disponibile o la dimensione richiesta è zero viene ritornato un puntatore `NULL`.
- `void *calloc(size_t nitems, size_t size)`. Alloca un certo numero di blocchi di memoria contigui della dimensione richiesta. Lo spazio ritornato è completamente azzerato.

Il programma seguente mostra come allocare e rilasciare un blocco di memoria per l'uso con una struttura:

```
#include <stdio.h>
#include <stdlib.h>

#define ND (-1)

typedef struct _Rilevazione {
    float co2;
    float pm10;
    float pm25;
    float no2;
    float co;
    float o3;
    float benzene;

    time_t timestamp;
} Rilevazione;

void print(Rilevazione *p);

int main () {
    Rilevazione *p;

    p = malloc( sizeof(Rilevazione) );
    if (p != NULL) {
        printf("%p\n\n", p);
```

```
            p->co2 = 5;
            p->pm10 = 27;
            p->pm25 = ND;
            p->no2 = 92;
            p->co = ND;
            p->o3 = 72;
            p->benzene = ND;

            print(p);

            free(p);
        }

        return 0;
    }

    void print(Rilevazione *p)
    {
        printf("Rilevazione\n");
        printf("cp2     : %5.3f\n", p->co2);
        printf("pm10    : %5.3f\n", p->pm10);
        printf("pm25    : %5.3f\n", p->pm25);
        printf("no2     : %5.3f\n", p->no2);
        printf("co      : %5.3f\n", p->co);
        printf("o3      : %5.3f\n", p->o3);
        printf("benzene : %5.3f\n", p->benzene);
    }
```

L'output del programma è il seguente:

```
0x300140

Rilevazione
cp2     : 5.000
pm10    : 27.000
pm25    : -1.000
no2     : 92.000
co      : -1.000
o3      : 72.000
benzene : -1.000
```

Il programma impiega anche l'operatore `sizeof()`. Questo ritorna la dimensione in byte del tipo di dato o variabile passata come parametro. Funziona con strutture o variabili semplici. Nel primo caso dimostra però tutta la sua utilità, in quanto libera il programmatore dal compito di calcolare a mano l'occupazione di memoria di una struttura. Questo aspetto è importante anche considerando che la distribuzione in memoria dei componenti di una struttura segue un allineamento specifico basato sulla dimensione dei registri del processore. La dimensione totale di una struttura può quindi risultare maggiore della somma dei suoi componenti. Per ulteriori esempi sull'allocazione dinamica della memoria si consultino i capitoli successivi. Queste funzionalità sono infatti intimamente legate alle strutture dati e alla gestione del file.

Funzioni di supporto

Nella libreria `string.h`, che contiene le funzioni di manipolazione delle stringhe, sono presenti anche funzioni che non sono loro direttamente correlate, ma possono in generale essere utilizzate per gestire zone di memoria allocate con le funzioni descritte nel paragrafo precedente. Queste sono:

- `void *memchr(const void *str, int c, size_t n)`. Cerca la prima occorrenza del carattere indicato nei primi `n` byte della stringa puntata da `str`. Se il carattere viene trovato ne ritorna il puntatore, altrimenti restituisce `NULL`.
- `int memcmp(const void *str1, const void *str2, size_t n)`. Confronta i primi n byte delle due stringhe e ritorna un valore intero che indica la precedenza alfabetica di una stringa rispetto all'altra.
- `void *memcpy(void *str1, const void *str2, size_t n)`. Copia `n` caratteri da `str2` a `str1`. Ritorna il parametro `str1`.
- `void *memmove(void *str1, const void *str2, size_t n)`. Copia i caratteri da `str2` a `str1` salvando prima tutto il contenuto di `str2` così che se le due stringhe dovessero sovrapporsi non si perdano dati. Ritorna il parametro `str1`.
- `void *memset(void *str, int c, size_t n)`. Riempie la zona di memoria puntata da `str` ripetendo `n` volte il carattere `c`. Ritorna il parametro `str1`.

Ecco un esempio di utilizzo di una di queste funzioni. Il programma seguente individua un carattere nel buffer di memoria e ne stampa l'indirizzo:

```
#include <stdio.h>
#include <string.h>

int main () {
     char *s = "Hello World!";
     char *p;

     p = memchr(s, 'W', 10);
     printf("Puntatore a W: %p (%c)\n", p, *p);

     return 0;
}
```

L'output del programma è il seguente:

```
Puntatore a W: 0x1fde (W)
```

Si possono notare similitudini funzionali tra queste funzioni e quelle sulle stringhe, descritte nel Capitolo 8. Si noti però che c'è una differenza di forma e sostanza: le funzioni qui descritte operano su un insieme di byte predeterminato e passato come parametro, mentre le funzioni relative alle stringhe determinano in autonomia la dimensione dei dati su cui operare individuando il carattere terminatore di stringa `\0`*. Nonstante questo, non è raro che le implementazioni delle funzioni che operano con le stringhe, presenti nelle librerie che accompagnano i compilatori, si basino in certi casi su quelle qui descritte.*

Memory leak

Come accennato nel primo capitolo, un *memory leak* si verifica quando il programma non rilascia le aree di memoria allocate con `malloc()`. Questo avviene solitamente per un errore di programmazione che può essere molto difficile da individuare, soprattutto se il programma è particolarmente complesso. Conviene sempre mantenere il software il più semplice possibile, eventualmente centralizzando la gestione della memoria e utilizzandola solo per il tempo strettamente necessario.

I memory leak possono portare all'esaurimento della memoria disponibile, evento che è possibile ottenere con il seguente semplice programma di prova:

```
#include <stdlib.h>

int main () {
     const size_t s = 512;
     void *p;

     do
     {
             p = malloc(s);
     } while( p );

     return 0;
}
```

Il programma alloca 512 byte a ogni iterazione. Della memoria non se ne fa nulla e, peggio ancora, non la rilascia. Una volta eseguito, il programma produce un errore di esecuzione simile al seguente:

```
*** malloc: vm_allocate(size=8421376) failed (error
code=3)
*** malloc[2617]: error: Can't allocate region
```

Capitolo 11

Strutture dati

Per mezzo di strutture, puntatori e altri elementi del linguaggio è possibile realizzare, in maniera semplice, strutture dati per mantenere in memoria le informazioni che il programma deve elaborare, semplificandone l'organizzazione e la manipolazione. In altri linguaggi di programmazione, come C++, Java o C#, queste strutture dati sono già presenti nella libreria di base. Non è questo il caso del linguaggio C, che non prevede una libreria di strutture dati predefinite. In questo capitolo ne verranno realizzate un certo numero, più che altro per mostrare esempi concreti di utilizzo di sintassi e concetti complessi come i puntatori.

Buffer circolare

Un buffer circolare è un tipo di struttura dati che memorizza una serie di elementi in un'area di memoria di dimensione invariabile. A ogni inserimento, accoda i nuovi dati a quelli già inseriti. Quando riempie lo spazio di memoria assegnato, riprende la scrittura dall'inizio (Figura 11.1). È una struttura dati che rientra nella famiglia delle *code* ed è di tipo FIFO (First In, First Out). Questo significa che il primo elemento ad essere inserito nella coda è il primo a uscirne, e così via.

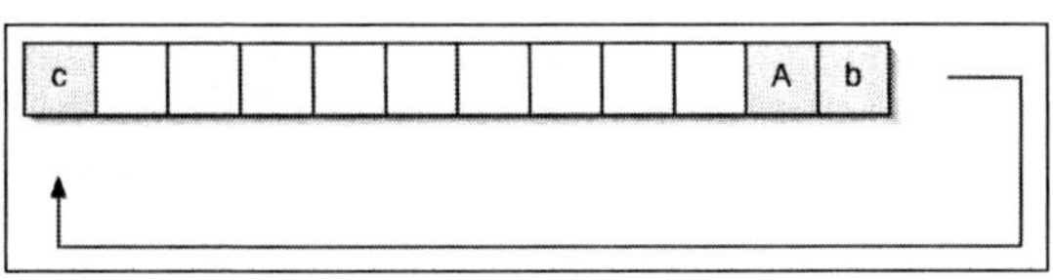

Figura 11.1 Organizzazione della memoria di un buffer circolare.

Un classico utilizzo di questa struttura dati è quello di gestire un'area di memoria di passaggio, che contiene i dati in arrivo da un dispositivo esterno al computer, come per esempio una tastiera. Un processo di sistema inserisce i caratteri digitati nella coda. In modo indipendente, un altro processo, questa volta applicativo, legge i caratteri dalla coda per elaborarli. Quando i caratteri vengono letti, sono automaticamente eliminati. Il vantaggio di utilizzare un buffer circolare, rispetto ad altre strategie, come per esempio l'allocazione dinamica della memoria, è quello di poter riutilizzare uno stesso blocco di memoria per tutto il processo di acquisizione dei dati. Diversamente, a ogni digitazione di un carattere sarebbe stato necessario allocare memoria, e di conseguenza, a ogni lettura dello stesso, sarebbe stato necessario deallocare. Questo criterio avrebbe comportato un overhead significativo.

Per overhead si intende il costo aggiuntivo di risorse, per esempio in termini di processore e memoria, necessario a espletare una determinata funzione. In sostanza, è quanto consumato dall'algoritmo per sostenere sé stesso e non solo i dati che deve elaborare.

Nel programma seguente è presente l'implementazione di un buffer circolare basato su vettore di caratteri pensato per memorizzare una serie di stringhe. Per funzionare utilizza due indici, che rispettivamente contengono il punto di inizio inserimento e il punto di inizio lettura. Un esempio di utilizzo di questo buffer circolare è presente in Figura 11.2: inizialmente, gli indici di lettura e scrittura sono posizionati all'inizio del buffer. Viene quindi inserita una stringa, che si posiziona all' inizio del buffer. L'indice di scrittura viene spostato nella nuova posizione di inserimento. Ora gli indici di lettura e scrittura hanno valori diversi. La lettura infatti parte dall'inizio, e si completa al raggiungimento del terminatore di stringa. Terminata la lettura gli indici sono appaiati: le posizioni di lettura e di scrittura coincidono. In figura non è mostrato cosa accade quando il vettore termina: sostanzialmente, gli indici ripartono da zero. Siccome le operazioni di lettura e scrittura vengono eseguite carattere per carattere, non è necessario predisporre un comportamento specifico dell'algoritmo quando ci si approssima alla fine della memoria.

Le funzioni di supporto al buffer circolare implementate qui di seguito sono le seguenti:

- `add()`. Aggiunge una stringa alla coda.
- `get()`. Ritorna una stringa dalla coda.
- `clear()`. Svuota la coda.

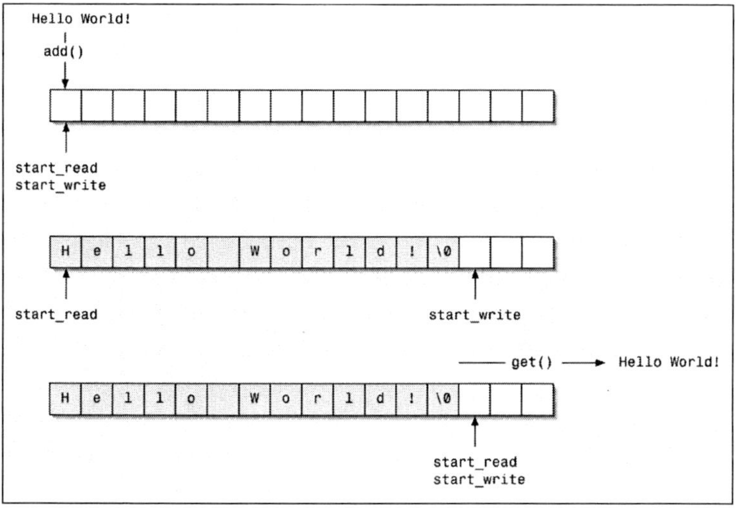

Figura 11.2 Un esempio di utilizzo del buffer circolare.

Le definizioni iniziali del programma sono le seguenti:

```
#include <stdio.h>

#define BOOL        int
#define FALSE       0
#define TRUE        !FALSE

#define BUF_SIZE    30

static char buffer[ BUF_SIZE ];
static int start_write = 0;
static int start_read = 0;

static void print();
void clear();
BOOL add(char *p);
char *get();
static BOOL increment(int *counter);
```

La funzione `clear()` è molto semplice, non fa altro che azzerare il buffer e le variabili indice.

```
void clear()
{
     int i;

     for( i = 0; i < BUF_SIZE; i++ )
     {
          buffer[ i ] = '\0';
     }

     start_write = 0;
     start_read = 0;
}
```

La funzione `add()` aggiunge una stringa al buffer, compreso il carattere `\0` terminatore di stringa. Per fare questo viene iterata la stringa di ingresso incrementando il contatore e utilizzando la funzione `increment()` per ampliare l'indice di scrittura del buffer:

```
BOOL add(char *p)
{
     BOOL overflow = 0;
     p--;

     do
     {
          p++;
          buffer[ start_write ] = *p;

          overflow = increment(&start_write);
     } while (*p != '\0');

     return overflow;
}
```

La funzione `increment()` aumenta il contatore passato come parametro (è un puntatore, perché la modifica deve propagarsi a livello di modulo). Se l'indice è arrivato a fine buffer si riparte dal primo elemento. La funzione ritorna un valore booleano che indica se è si è superato l'indice di lettura, questo fatto indica un overflow in scrittura e quindi la perdita di dati.

```
static BOOL increment(int *counter)
{
    int overflow = FALSE;
    int c = *counter;

    c++;
    if (c == BUF_SIZE)
    {
        c = 0;
    }
    if (c == start_read)
    {
        overflow = TRUE;
    }

    *counter = c;

    return overflow;
}
```

La funzione di lettura `get()` valorizza la stringa passata come parametro (che ovviamente deve avere a disposizione memoria a sufficienza) con la prima stringa disponibile da leggere:

```
char *get(char *s)
{
    char *p;

    p = s;

    do {
        *s = *(buffer + start_read);
        s++;

        increment(&start_read);
    } while( *(buffer + start_read) );

    start_read++;
    *s = '\0';
```

```
        return p;
    }
```

Si noti che, alla fine dell'iterazione, l'indice di lettura viene posizionato all'elemento successivo e che nella stringa di destinazione viene inserito il carattere terminatore.

Liste collegate

Le liste collegate (o concatenate, in inglese linked list) sono una categoria di struttura dati che permette di organizzare e trattare in modo efficiente un certo insieme di dati, solitamente organizzato come `struct`. Con le liste l'accesso ai dati è *sequenziale*: un elemento alla volta. Questo metodo è contrapposto a quello dei vettori, che consentono un accesso *casuale*. Con questi ultimi, infatti, è possibile accedere direttamente a qualsiasi elemento desiderato. L'insieme di dati gestito comprende i dati significativi che si desidera memorizzare nella lista (*payload*) e gli elementi di supporto necessari all'implementazione della stessa. Il payload è determinato in funzione del progetto specifico su cui si sta lavorando. Per esempio, se si stesse gestendo un elenco di clienti, i dati presenti nella struttura potrebbero essere i seguenti:

```
int id;
char *intestazione;
char *indirizzo;
int numero_civico;
long cap;
char *citta;
char provincia[2];
```

Gli elementi di supporto necessari all'implementazione della lista variano in funzione della sua tipologia. Sono spesso puntatori ad altre strutture dello stesso tipo che contengono gli indirizzi di memoria degli altri elementi della struttura. Un elemento della lista, rappresentato da una singola `struct`, è detto anche *nodo*.

Con le liste è possibile implementare facilmente diverse funzionalità, quelle che vengono realizzate più spesso sono:

- aggiunta in coda alla lista;
- aggiunta all'inizio della lista;
- aggiunta dopo uno specifico nodo;

- aggiunta nella posizione corretta in una lista ordinata;
- rimozione dell'ultimo elemento della lista;
- rimozione del primo elemento della lista;
- rimozione di uno specifico nodo;
- rimozione di un elemento data la sua chiave;
- ottenimento del primo elemento;
- ottenimento dell'ultimo elemento;
- ottenimento di un elemento data la sua chiave;
- ottenimento del numero di elementi nella lista;
- traversamento per elaborazione.

Le liste hanno diverse varianti e modalità di implementazione che verranno descritte nei prossimi paragrafi.

Liste semplici

Una lista collegata semplice è caratterizzata dal fatto che si limita a unire ciascun elemento di informazione al successivo mediante un puntatore. Nell'ultimo elemento della lista questo puntatore è nullo (Figura 11.3).

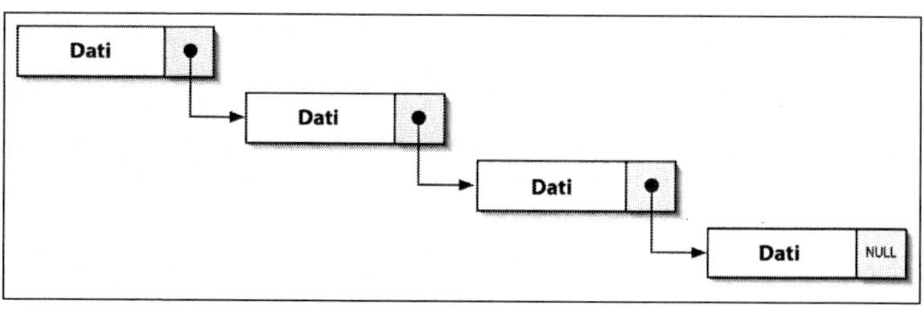

Figura 11.3 Organizzazione in memoria di una lista semplice.

La struttura dati che si vuole gestire è un semplice elenco di codici e descrizioni, definita come segue:

```
#define MAX_DESCR 50

typedef struct _Record {
```

```
        int id;
        char descr[ MAX_DESCR + 1 ];

        struct _Record *next;
    } Record;
```

La lista è rappresentata da un puntatore di tipo `Record` che viene inizializzato a `NULL`:

```
    Record *list = NULL;
```

L'inizializzazione della lista avviene nella funzione `main()`, nella quale un elemento viene assegnato esplicitamente come primo della lista:

```
        Record r1;

        r1.id = 10;
        strcpy(r1.descr, "Descrizione 10");
        r1.next = NULL;
        list = &r1;
```

Con le liste concatenate è molto semplice aggiungere un elemento dopo un altro, è sufficiente inserire nella catena il nuovo nodo per mezzo di due assegnazioni (Figura 11.4):

```
    void insert_after(Record *r, Record *n)
    {
        n->next = r->next;
        r->next = n;
    }
```

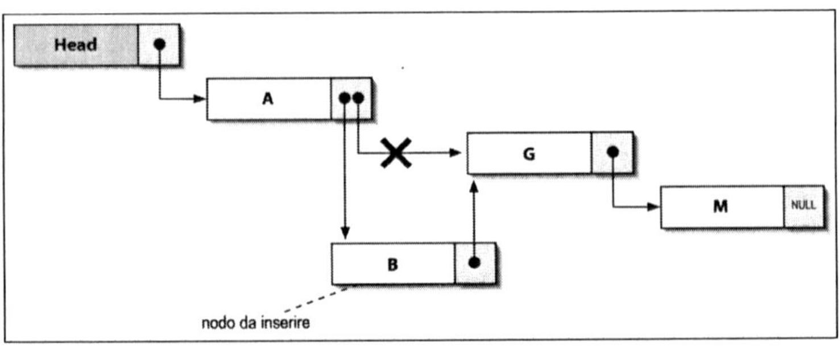

Figura 11.4 Inserimento di un nuovo nodo in una lista.

La funzione `last()` ritorna l'ultimo elemento della lista. Per fare questo implementa un ciclo infinito e, partendo dal primo elemento, cerca quello il cui puntatore `next` è vuoto. Quando lo trova si interrompe e lo ritorna. Diversamente, passa all'elemento successivo. Si noti che questa implementazione non funziona se la lista non è inizializzata:

```
Record *last()
{
    Record *curr;
    curr = list;

    while( TRUE )
    {
        if( !curr->next )
        {
            break;
        }

        curr = curr->next;
    }

    return curr;
}
```

A questo punto è facile aggiungere elementi alla lista, utilizzando la funzione `last()` per ottenere l'ultimo componente impiegando la funzione `insert_after()` per aggiungere il nuovo nodo in coda alla lista:

```
void add(Record *r)
{
    Record *curr;
    curr = last();

    insert_after( curr, r );
}
```

La rimozione di un elemento è possibile semplicemente modificando i puntamenti in modo da escludere l'elemento desiderato dalla lista, come illustrato in Figura 11.5. La funzione attraversa la lista fino a quando non trova il nodo da rimuovere. Durante il processo viene mantenuto aggiornato il puntatore `prev`, che contiene l'indirizzo dell'elemento precedente della lista. Quando viene individuato l'elemento da eliminare, il puntatore `next` dell'elemento precedente viene fatto puntare all'indirizzo dell'elemento successivo, tagliando fuori l'elemento corrente dalla lista, che viene poi ritornato dalla funzione. Se l'elemento non viene trovato, la funzione ritorna NULL.

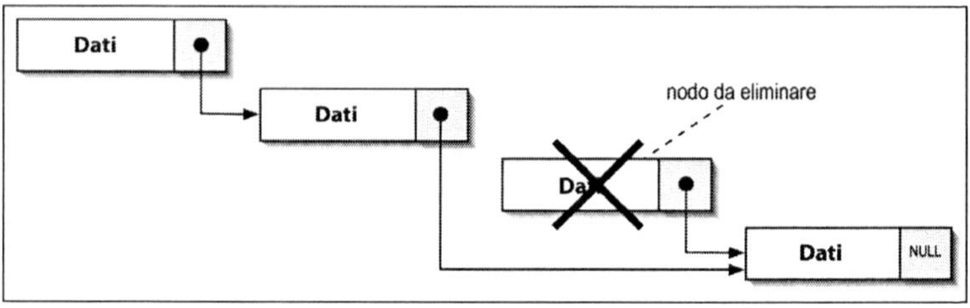

Figura 11.5 Eliminazione di un elemento dalla lista.

```
Record *remove(Record *r)
{
    Record *curr;
    Record *prev = NULL;
    curr = list;

    while( curr )
    {
            if (curr == r)
            {
                    prev->next = curr->next;
                    break;
            }

            prev = curr;
            curr = curr->next;
    }

    return curr;
}
```

Si noti che questa implementazione non funziona se si cerca di eliminare il primo elemento della lista.

Per verificare il corretto funzionamento delle precedenti funzioni e per vedere una diversa modalità di traversamento della lista è possibile attivare anche la stampa del suo contenuto, che si realizza tramite un ciclo che itera fino a quando ci sono elementi validi.

Il codice è il seguente:

```
void print()
{
    Record *curr;
    curr = list;

    printf("         Id  Descrizione\n");
    printf("========================\n");

    while( curr )
    {
        printf("%10d   %s\n", curr->id,
               curr->descr);
        curr = curr->next;
    }

    printf("\n");
}
```

Liste con allocazione di memoria

Nell'esempio precedente il codice che utilizzava la lista collegata doveva necessariamente provvedere autonomamente ad allocare la memoria necessaria a contenerne tutti i nodi. È possibile invece centralizzare l'allocazione e il rilascio della memoria all'interno delle funzioni che gestiscono la lista, criterio che consente di controllare meglio l'uso dello spazio e che dovrebbe ridurre la possibilità di errori legati all'impiego della memoria. Il metodo `add()` potrebbe quindi ricevere in input direttamente i dati da inserire nel nodo oppure un parametro di tipo `Record`, da ricopiare nell'area di memoria allocata dinamicamente. Come si può notare confrontando la seguente implementazione con la precedente, la logica è rimasta praticamente la stessa, con la differenza che ora l'allocazione di memoria è dinamica, e che il blocco di spazio allocato viene opportunamente valorizzato copiando i parametri. La funzione ritorna `TRUE` se l'inserimento è andato a buon fine o `FALSE` altrimenti:

```
int add(const int id, const char *descr)
{
    Record *r;
```

```
        r = malloc(sizeof(Record));
        if (r != NULL)
        {
                r->id = id;
                strcpy(r->descr, descr);

                Record *curr;
                curr = last();

                insert_after( curr, r );

                return TRUE;
        }
        else
        {
                return FALSE;
        }
}
```

Anche la funzione di rimozione è sostanzialmente simile, ma in questa versione si aspetta in input l'`id` del nodo da eliminare, che viene ricercato sequenzialmente. Una volta trovato, il nodo viene sganciato e la relativa memoria viene deallocata:

```
int remove(const int id)
{
        Record *curr;
        Record *prev = NULL;
        curr = list;

        while( curr )
        {
                if (curr->id == id)
                {
                        prev->next = curr->next;
                        free(curr);

                        return TRUE;
                }
```

```
            prev = curr;
            curr = curr->next;
        }

        return FALSE;
    }
```

Un'altra funzione che spesso si implementa operando con le strutture dati è quella che consente di ottenere un puntatore a uno specifico elemento, dato il valore di uno dei suoi campi, solitamente la chiave principale. La funzione seguente consente di ottenere un puntatore al `Record` che corrisponde all'`id` passato come parametro, eseguendo un traversamento lineare della lista:

```
    Record *get(const int id)
    {
        Record *curr;
        curr = list;

        while( curr )
        {
            if (curr->id == id)
            {
                break;
            }

            curr = curr->next;
        }

        return curr;
    }
```

Ovviamente è possibile implementare una funzione `get()` *simile a questa anche con la prima tipologia di lista presentata. È stata realizzata solo ora per uniformità: le funzioni di questo paragrafo ragionano tutte in funzione di un id passato come parametro, mentre nella versione del paragrafo precedente si ragionava ancora in funzione di puntatori a* `Record`*, e quindi il programma chiamante avrebbe potuto disporre già del puntatore al nodo desiderato, visto che era lui a gestire la memoria.*

Con questo metodo l'utilizzo delle funzioni della lista è molto più semplice. Quello che segue è il programma di prova, che è decisamente più compatto del precedente (non mostrato):

```
int main ()
{
    Record r1, *r;

    r1.id = 10;
    strcpy(r1.descr, "Descrizione 10");
    r1.next = NULL;
    list = &r1;

    add( 15, "Descrizione 15" );
    add( 30, "Descrizione 30" );
    add( 23, "Descrizione 23" );
    print();

    r = last();
    printf("Descrizione ultimo nodo: %s\n",
           r->descr);

    remove( 30 );
    print();

    remove( 15 );
    print();

    return 0;
}
```

Nodi sentinella

Come si è visto nei paragrafi precedenti, il nodo iniziale di una lista potrebbe non essere stato inizializzato. Ciò potrebbe creare problemi quando la si utilizza: l'impostazione del primo elemento deve essere fatto in modo specifico, con una assegnazione diretta invece che tramite la funzione `add()`. Anche le altre funzioni sono limitate: sbagliano se la lista è vuota. Supportare anche questa eventualità richiederebbe più codice, il che avrebbe complicato il programma.

Lo stesso problema è risolvibile in modo più compatto ed efficiente cambiando leggermente l'impostazione dei dati e utilizzando un *nodo sentinella*. Quest'ultimi non sono altro che nodi della lista che non contengono dati effettivi e che solitamente sono presenti all'inizio o alla fine della stessa. Si immagini dunque di dover gestire una lista che contiene un nodo fittizio iniziale, come illustrato in Figura 11.6.

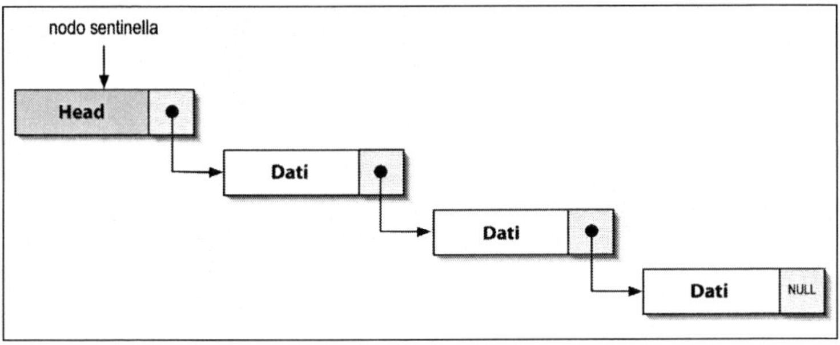

Figura 11.6 Lista semplice con nodo sentinella iniziale.

Quando si è in presenza di un nodo sentinella è bene predisporre una funzione di inizializzazione, per assicurarsi che la situazione iniziale in memoria sia quella prevista. Nella funzione `init()` viene dunque allocato lo spazio per un `Record`, che viene opportunamente inizializzato, impostando il puntatore next a `NULL`:

```
int init()
{
    Record *r;

    r = malloc(sizeof(Record));
    if (r != NULL)
    {
        r->next = NULL;
        list = r;
    }
}
```

Sapendo per certo che c'è almeno un elemento nella lista è possibile scrivere una implementazione della funzione `last()` decisamente più compatta, che non richiede un ciclo infinito e un `break`:

```
Record *last()
```

```
{
    Record *curr;
    curr = list;

    while( curr->next )
    {
        curr = curr->next;
    }

    return curr;
}
```

Una volta reimplementata la funzione `last()`, `add()` funziona senza modifiche, richieste invece per la funzione `remove()`, anche se in minima parte. In quest'ultima è sufficiente inizializzare le variabili `prev` e `curr` perché inizino dal primo elemento valido:

```
int remove(const int id)
{
    Record *curr;
    Record *prev;

    prev = list;
    curr = list->next;

    while (curr)
    {
        if (curr->id == id)
        {
            prev->next = curr->next;
            free(curr);

            return TRUE;
        }

        prev = curr;
        curr = curr->next;
    }

    return FALSE;
}
```

La differenza sostanziale tra le versioni descritte è che, utilizzando il nodo sentinella, è possibile eliminare anche il primo elemento valido. Questo diviene infatti equiparabile a un qualsiasi altro nodo, e può quindi essere staccato dalla catena a piacimento.

Utilizzando il nodo sentinella iniziale occorre modificare anche la funzione `get()`, in quanto è necessario saltare il primo nodo e traversare la lista fino in fondo. La nuova versione è la seguente:

```
Record *get(const int id)
{
    Record *curr;

    curr = list->next;

    while( curr )
    {
        if (curr->id == id)
        {
            break;
        }

        curr = curr->next;
    }

    return curr;
}
```

Anche la funzione di stampa richiede una modifica, perché esegue un traversamento di tutta la lista. Essendoci un nodo iniziale fittizio, è necessario escluderlo dalla stampa, in quanto non contiene dati validi. La funzione diventa quindi come segue:

```
void print()
{
    Record *curr;

    printf("         Id  Descrizione\n");
    printf("========================\n");

    curr = list->next;
```

```
        while( curr )
        {
                printf("%10d   %s\n", curr->id,
                        curr->descr);
                curr = curr->next;
        }

        printf("\n");
    }
```

Liste ordinate

Con una lista collegata è possibile inserire un nuovo elemento in una posizione a piacere. Non solo alla fine, ma anche a metà della lista: è sufficiente scollegare il puntatore `next` e ricollegarlo al nuovo nodo, il cui `next` dovrà puntare al nodo successivo della lista. Questo aspetto, implementato prima nella funzione `insert_after()`, consente di mantenere ordinati i nodi della lista, in quanto in fase di inserimento è sufficiente identificare la posizione corretta per concatenare il nuovo nodo al posto opportuno. In questo modo è possibile mantenere ordinata la lista in base a un qualsiasi campo del nodo e in ordine crescente o decrescente. Quando si utilizzano liste ordinate è opportuno disporre di un nodo sentinella iniziale che consenta di inserire il nuovo nodo anche in prima posizione, eventualità questa che potrebbe facilmente presentarsi.

Per inserire i nodi in modo ordinato è possibile traversare la lista avendo l'accortezza di mantenere un riferimento all'elemento precedente. Nel codice seguente viene infatti utilizzata l'espressione `curr->next->id` che ritorna l'id del nodo collegato a quello corrente e lo confronta con quello da inserire. Se è superiore, il ciclo termina e l'inserimento del nodo avviene nel punto individuato:

```
    int add(const int id, const char *descr)
    {
        Record *curr;
        Record *r;

        r = malloc(sizeof(Record));
        if (r != NULL)
        {
```

```
            r->id = id;
            strcpy(r->descr, descr);

            curr = list;
            while( curr->next )
            {
                    if ( curr->next->id > id)
                    {
                            break;
                    }
                    curr = curr->next;
            }
            r->next = curr->next;
            curr->next = r;

            return TRUE;
        }
        else
        {
            return FALSE;
        }
    }
```

Ordinamento personalizzato

È possibile decidere la modalità di ordinamento passando un puntatore a funzione in fase di inizializzazione della lista, che poi verrà utilizzata nella funzione `add()` per decidere in che ordine inserire i nuovi nodi. Il metodo è già stato mostrato nel Capitolo 7. Per prima cosa è necessario dichiarare a livello di modulo un puntatore a funzione:

```
int (*order_function)(int a, int b);
```

Poi è necessario modificare la funzione di inizializzazione per prendere in input il puntatore alla funzione da utilizzare, che viene assegnata alla variabile di modulo:

```
int init(int (*comp)(int a, int b))
{
    /* omissis */
    order_function = comp;
}
```

A questo punto è possibile dichiarare le funzioni di confronto desiderate. Per esempio:

```
int asc( int a, int b )
{
    return (a > b);
}

int desc( int a, int b )
{
    return (a < b);
}
```

Nella funzione di aggiunta viene poi utilizzato il puntatore a livello di modulo per ottenere il comportamento desiderato:

```
...
while( curr->next )
{
    if ( order_function(curr->next->id, id) )
    {
            break;
    }
    curr = curr->next;
}
...
```

Ovviamente è possibile estendere questo tipo di criterio modificando la firma della funzione in modo che si aspetti puntatori a Record. In questo modo è possibile approntare funzioni che non solo decidano la sequenza di ordinamento, ma che offrano anche la possibilità di ordinare per un altro campo o per più campi, implementando logiche maggiormente complesse. In questo caso il puntatore a funzione diventa:

```
int (*order_function)(Record *a, Record *b);
```

Nella funzione `add()` verranno quindi passati puntatori all'oggetto corrente e a quello appena allocato:

```
...
curr = list;
while( curr->next )
{
    if ( order_function(curr->next, r) )
```

```
        {
                break;
        }
        curr = curr->next;
    }
    ...
```

A titolo di esempio, la funzione seguente ordina per descrizione e in modo crescente, utilizzando la funzione di confronto stringhe `strcmp()`:

```
int sort_by_descr( Record *a, Record *b )
{
    return (strcmp(a->descr, b->descr) > 0);
}
```

Liste doppiamente collegate

Alcune operazioni sulle liste, come l'inserimento nella posizione precedente a quella di un particolare nodo sono poco agevoli, in quanto è possibile traversare la lista solo dall'alto verso il basso, ma non nel verso contrario. Questo comporta, nel caso sia necessario accedere al nodo precedente, la necessità di eseguire una ulteriore scansione partendo dal nodo iniziale. Per ovviare a questa limitazione è possibile creare liste doppiamente collegate, dove in ogni nodo non è presente solo il puntatore all'elemento successivo, ma anche a quello precedente (Figura 11.7). Ovviamente le liste doppiamente collegate sono leggermente più complesse da gestire e occupano più memoria, ma comportano grandi vantaggi. Sono quindi un compromesso accettabile, che rende efficienti operazioni che diversamente lo sarebbero meno.

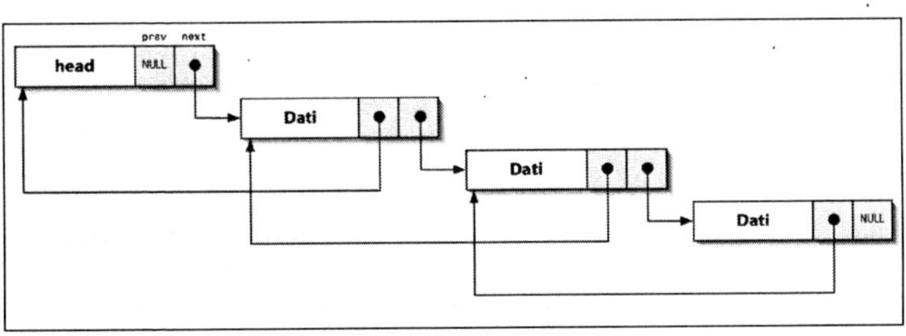

Figura 11.7 Le liste doppiamente collegate possiedono anche un puntatore all'elemento precedente.

Con le liste doppiamente collegate la struttura che rappresenta il nodo della lista contiene anche un puntatore all'elemento precedente:

```
typedef struct _Record {
     int id;
     char descr[ MAX_DESCR + 1 ];

     struct _Record *next;
     struct _Record *prev;
} Record;
```

Il metodo di inizializzazione è simile a quello mostrato in precedenza, ma ovviamente imposta a NULL anche il nuovo puntatore:

```
int init()
{
     Record *r;

     r = malloc(sizeof(Record));
     if (r != NULL)
     {
          r->next = NULL;
          r->prev = NULL;
          list = r;
     }
}
```

La funzione di inserimento dopo uno specifico nodo è il punto nel quale è più evidente la maggior complessità di implementazione di una lista doppiamente collegata. Infatti è necessario modificare non solo il puntamento dell'elemento corrente, ma anche di quello successivo, per fare in modo che il puntatore prev contenga il riferimento al nuovo nodo inserito. Inoltre, è necessario considerare che si potrebbe essere alla fine della lista, quindi quest'ultima assegnazione potrebbe anche non essere necessaria:

```
void insert_after(Record *r, Record *n)
{
     n->next = r->next;
     r->next = n;

     n->prev = r;
```

```
        if (n->next)
        {
                n->next->prev = n;
        }
    }
```

A questo punto è possibile realizzare la funzione paritetica `insert_before()` con relativa semplicità, in quanto è possibile accedere direttamente al nodo antecedente a quello attuale utilizzando `prev` e riorganizzare i puntamenti come necessario. In questo caso non è essenziale controllare se siamo alla fine della lista, in quanto si sta inserendo un valore prima del nodo passato come parametro. Non è neanche necessario controllare se si è all'inizio, in quanto la tipologia di lista qui implementata fa uso di un nodo sentinella di testata:

```
void insert_before(Record *r, Record *n)
{
    n->prev = r->prev;
    n->next = r;

    r->prev = n;
    n->prev->next = n;
}
```

Anche la funzione di rimozione di un determinato elemento risulta semplificata, in quanto è possibile individuare l'elemento da eliminare utilizzando il metodo `get()` e accedere ai nodi limitrofi utilizzando i puntatori `prev` e `next`. Con la lista a collegamento semplice sarebbe stato necessario traversare la lista per ottenere un puntatore al nodo precedente, operazione che qui non è necessaria:

```
int remove(const int id)
{
    Record *r;

    r = get( id );
    if (r == NULL)
    {
            return FALSE;
    }
    else
    {
            if (r->next)
```

```
            {
                    r->next->prev = r->prev;
            }
            r->prev->next = r->next;

            free(r);
        }
    }
```

Una variante

La versione di lista doppiamente collegata presente in questo paragrafo prevede che la variabile a livello di modulo che contiene il riferimento al primo elemento della lista non sia un nodo convenzionale, ma un altro tipo di dato che contiene due puntatori, uno al primo elemento della lista e uno all'ultimo. Questo metodo consente di iterare anche all'indietro, ottenendo gli elementi in ordine inverso. Questa variabile è di tipo `List` ed è dichiarata come segue:

```
typedef struct _List {
    Record *first;
    Record *last;
} List;

List *list;
```

La funzione di inizializzazione dovrà quindi allocare non più una variabile iniziale di tipo `Record`, ma di tipo `List`, che dovrà essere inizializzata impostando a `NULL` i due puntatori che contiene:

```
void init()
{
    list = malloc(sizeof(List));

    if (list != NULL)
    {
            list->first = NULL;
            list->last = NULL;
    }
}
```

A questo punto l'implementazione della funzione `last()` è banale, ed è la seguente:

```
Record *last()
{
    return list->last;
}
```

Diventa quindi possibile iterare la lista all'indietro, come mostra la funzione seguente, che stampa id e descrizione per ciascun nodo, partendo proprio dall'ultimo elemento e tornando indietro:

```
void reverse_print()
{
    Record *curr;
    curr = list->last;

    while( curr )
    {
        printf("%10d %s\n", curr->id,
               curr->descr);
        curr = curr->prev;
    }

    printf("\n");
}
```

Cambiando la modalità di accesso alla lista è necessario anche rivedere l'implementazione dei metodi di inserimento e rimozione dei nodi, in quanto è necessario mantenere aggiornati i puntatori `first` e `last` nella variabile `list`. Qui di seguito ci sono le due funzioni `insert_after()` e `insert_before()` modificate:

```
void insert_after(Record *r, Record *n)
{
    n->next = r->next;
    r->next = n;

    n->prev = r;

    if (n->next)
    {
        n->next->prev = n;
    }
```

```
    else
    {
        list->last = n;
    }
}

void insert_before(Record *r, Record *n)
{
    n->prev = r->prev;
    n->next = r;

    if (r->prev)
    {
        n->prev->next = n;
    }
    else
    {
        list->first = n;
    }
}
```

La funzione `insert_beginning()` inserisce un nodo all'inizio della lista. Se c'è almeno un nodo, viene invocata la funzione `insert_before()`. Diversamente, i nodi iniziale e finale della lista diventano quello passato come parametro:

```
void insert_beginning(Record *n)
{
    if (list->first)
    {
        insert_before( list->first, n );
    }
    else
    {
        list->first = n;
        list->last = n;

        n->prev = NULL;
        n->next = NULL;
    }
}
```

La funzione insert_end() inserisce invece il nodo alla fine della lista. Come si nota dal codice, la sua implementazione è basata integralmente sulle funzioni precedentemente realizzate:

```
void insert_end(Record *n)
{
    if (list->last)
    {
            insert_after(list->last, n);
    }
    else
    {
            insert_beginning(n);
    }
}
```

La funzione remove_node() elimina un nodo specifico, partendo dal suo puntatore. Per capire se è necessario modificare i puntatori first e last della lista verifica se prev e next del nodo sono nulli. Da questo si capisce se il nodo è posizionato all'inizio o alla fine della lista:

```
void remove_node(Record *n)
{
    if (n->prev)
    {
            n->prev->next = n->next;
    }
    else
    {
            list->first = n->next;
    }

    if (n->next)
    {
            n->next->prev = n->prev;
    }
    else
    {
            list->last = n->prev;
    }
    free(n);
}
```

Con le funzioni prima implementate diventa quindi molto facile attivare in modo efficiente e compatto la funzione di rimozione di un nodo a partire dal suo id. È sufficiente infatti ottenerne un puntatore con la funzione `get()` ed eliminarlo con la funzione `remove_node()`:

```
void remove(const int id)
{
        Record *r;

        r = get( id );
        if (r)
        {
                remove_node( r );
        }
}
```

Anche l'implementazione della funzione di aggiunta risulta semplificata da questo metodo e dalle funzioni già attivate: è sufficiente allocare la memoria per il nuovo nodo, valorizzarlo e poi determinare l'ultimo nodo della lista. Se è presente, viene invocata `insert_after()` per inserire il nuovo nodo dopo l'ultimo. Diversamente, viene invocata `insert_beginning()`:

```
int add(const int id, const char *descr)
{
        Record *curr;
        Record *r;

        r = malloc(sizeof(Record));
        if (r != NULL)
        {
                r->id = id;
                strcpy(r->descr, descr);

                curr = last();
                if (curr)
                {
                        insert_after( curr, r );
                }
                else
                {
```

```
                        insert_beginning( r );
                }

                return TRUE;
        }
        else
        {
                return FALSE;
        }
}
```

Liste circolari

Negli esempi precedenti abbiamo visto come la fine di una lista viene identificata dalla presenza di un valore NULL nel puntatore all'elemento successivo. Inoltre, nel caso di una lista doppiamente collegata, il primo nodo è caratterizzato dal fatto che il puntatore all'elemento precedente è anch'esso NULL. Con le liste circolari questo non avviene e l'ultimo elemento è connesso al primo attraverso un idoneo puntamento, come illustrato in Figura 11.8, dove sono presenti liste singolarmente e doppiamente collegate entrambe circolari. Questa organizzazione dei dati richiede algoritmi di gestione più complessi, in particolare quando la lista è vuota, ma offre il vantaggio di poter iterare tutti i nodi a partire da qualsiasi punto.

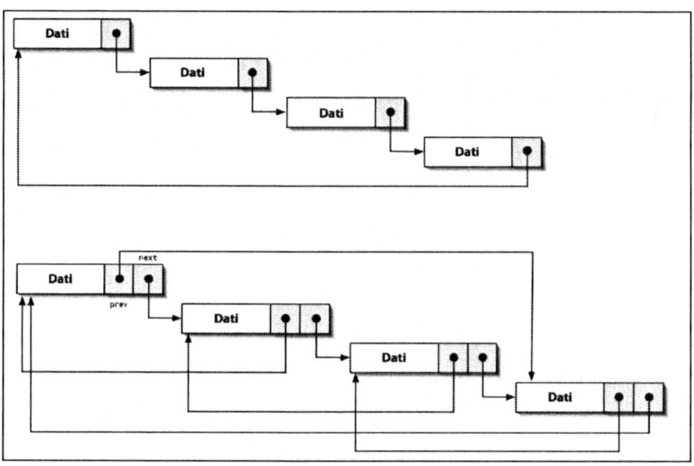

Figura 11.8 Liste circolari.

Con le liste circolari è possibile implementare code simili a quella descritta nel primo paragrafo, ma con il vantaggio di poter decidere dinamicamente il numero dei nodi, cosa non possibile se si utilizzano i vettori.

Memorizzazione esterna

Negli esempi descritti in questo capitolo ogni singolo nodo della lista contiene sia le informazioni applicative (payload), che le strutture di controllo necessarie al funzionamento della lista, come per esempio i puntatori `next` o `prev`. Questo tipo di metodo è detto *memorizzazione interna*, perché i dati applicativi sono contenuti all'interno del nodo. Per contro, è possibile realizzare liste collegate dove la memorizzazione è *esterna*, cioè contenuta in una struttura separata da quella che rappresenta il nodo della lista. Questo approccio offre alcuni vantaggi, come la possibilità di gestire la memoria in modo più efficace e implementare librerie generiche di gestione delle liste.

Un esempio di lista con memorizzazione esterna è il seguente. Come si nota dal listato, è presente una struttura dati applicativa chiamata `Anag` che contiene le informazioni da gestire. Le due strutture `Record` e `List` implementano invece la lista collegata. La prima delle due prevede infatti una struttura di tipo `_Anag` per il payload e i consueti puntatori `next` e `prev`.

```
#define MAX_DESCR 50

typedef struct _Anag {
     int id;
     char descr[ MAX_DESCR + 1 ];

     /* ... */
} Anag;

typedef struct _Record {
     struct _Anag *payload;

     struct _Record *next;
     struct _Record *prev;
} Record;
```

```
typedef struct _List {
    Record *first;
    Record *last;
} List;

List *list;
```

In questo codice esiste una correlazione diretta tra `Anag` e `Record`, quindi le funzioni di gestione della lista sono strettamente legate alla struttura applicativa. Per una soluzione generica, nella struct `_Record` è sufficiente dichiarare `void*` il puntatore a payload, invece che `_Anag*`.

Per rendere completamente slegate le funzioni di gestione della lista dal payload è poi sufficiente estrarre le parti di codice che sono specifiche, come per esempio l'allocazione di memoria o il confronto per identificare i record e sostituirle con puntatori a funzioni. In questo modo sarà sufficiente inizializzare la libreria di gestione della lista passando i puntatori a un gruppo di funzioni che gestiscono una struttura dati specifica.

Se in fase di sviluppo dovesse essere opportuno utilizzare una libreria generica per le strutture dati è possibile valutare Sglib (Simple Generic Library for C). È reperibile all'indirizzo `http://sglib.sourceforge.net/`. *Questa libreria definisce una serie di macro per ordinare i vettori e manipolare strutture dati comuni, come liste collegate, liste collegate ordinate, liste doppiamente collegate, alberi rosso-neri, contenitori hash e altro. Le funzioni, definite come macro, offrono un insieme di funzionalità di base, come inserimento, cancellazione, ricerca e traversamento dei nodi. In alcuni casi sono disponibili funzioni specifiche. Per esempio, per le liste sono fruibili funzioni di concatenazione, inversione e ordinamento di elenchi.*

Pila

La Pila (in inglese Stack) è una struttura dati di tipo LIFO (Last In First Out) ampiamente utilizzata a tutti i livelli dell'informatica, dall'architettura del microprocessore a quella del sistema operativo, che spesso la impiega per gestire le chiamate a funzione o gli eventi interrupt. L'accesso alle informazioni in questa specifica struttura dati avviene principalmente attraverso due funzioni: `push()` e `pop()`.

La prima permette di inserire un elemento nello stack, mentre la seconda di estrarlo. Essendo lo stack una struttura di tipo LIFO, la funzione `pop()` ritorna l'ultimo elemento inserito nello stack (Figura 11.9).

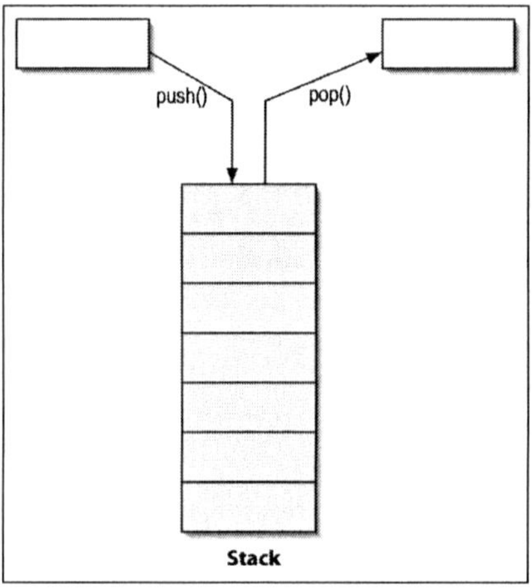

Figura 11.9 Inserimento ed estrazione di elementi dallo stack.

Nel programma seguente è presente un esempio di implementazione di stack, che oltre alle funzioni `push()` e `pop()` prevede anche la funzione `length()`, che fornisce il numero di elementi presenti nello stack. All'inizio del file viene definita la struttura dati utilizzata e un puntatore al primo elemento dello stack:

```
#include <stdlib.h>

#define MAX_DESCR 50

typedef struct _Record {
    int id;
    char descr[ MAX_DESCR + 1 ];

    struct _Record *next;
} Record;

Record *head = NULL;
```

La funzione `push()` non fa altro che inserire l'elemento passato come parametro all'inizio dello stack, modificando opportunamente i puntatori `next`:

```
void push(Record *r)
{
     r->next = head;
     head = r;
}
```

La funzione `pop()` è leggermente più complessa, in quanto controlla anche che l'elemento iniziale non sia nullo. In questo caso si dice che lo stack è in underflow, e cioè che non contiene più dati. Questo caso viene segnalato al codice chiamante attraverso il ritorno del valore `NULL`:

```
Record *pop()
{
     Record *r;

     r = head;
     if (head != NULL)
     {
          head = head->next;
     }

     return r;
}
```

La lunghezza dello stack viene determinata semplicemente traversando tutti gli elementi come se la struttura dati fosse una semplice lista collegata e contando gli elementi presenti:

```
int length()
{
     int count = 0;
     Record *r;

     r = head;
     while (r)
     {
          count++;
          r = r->next;
     }
```

```
    return count;
}
```

Nella funzione `main()` è presente del codice di prova:

```
int main () {
    Record r1, r2, r3, *r;
    Record r4, r5;

    r1.id = 10;
    strcpy(r1.descr, "Descrizione 10");
    push( &r1 );
    printf("push(10)\n");

    r2.id = 15;
    strcpy(r2.descr, "Descrizione 15");
    push( &r2 );
    printf("push(15)\n");

    r3.id = 30;
    strcpy(r3.descr, "Descrizione 30");
    push( &r3 );
    printf("push(30)\n");

    printf("length(): %d\n", length());

    r = pop();
    printf("pop(): %p %s\n", r,
           (r==NULL ? "" : r->descr));
    r = pop();
    printf("pop(): %p %s\n", r,
           (r==NULL ? "" : r->descr));
    r = pop();
    printf("pop(): %p %s\n", r,
           (r==NULL ? "" : r->descr));
    r = pop();
    printf("pop(): %p %s\n", r,
           (r==NULL ? "" : r->descr));

    return 0;
}
```

L'output prodotto è il seguente. Come si vede, dopo una serie di push() sullo stack la lunghezza assume il valore 3. Le successive operazioni pop() estraggono gli elementi presenti in ordine inverso, fino a quando ci sono elementi, nel qual caso viene ritornato NULL:

```
push(10)
push(15)
push(30)
length(): 3
pop(): 0xbffffc30 Descrizione 30
pop(): 0xbffffbf0 Descrizione 15
pop(): 0xbffffbb0 Descrizione 10
pop(): 0x0
```

Capitolo 12

Gestione dei file

La possibilità di avere accesso ai file è una funzionalità fondamentale in ogni piattaforma o linguaggio di programmazione. In parole povere, un file può essere considerato una stringa scritta su disco. Questo significa che le informazioni memorizzate in un file vengono mantenute nel sistema anche quando il processo di esecuzione del programma termina o il computer viene spento.

Si tratta quindi di un sistema di memorizzazione delle informazioni di tipo *persistente*, in contrapposizione alla normale memoria del computer utilizzata fino a ora, che per contro è *volatile*. I file vengono dunque impiegati per memorizzare informazioni importanti e che devono essere preservate nel tempo, come gli elenchi dei clienti e fornitori, i dati delle fatture, quelli di vendita, le informazioni sul personale e così via.

Un file è dunque "una stringa scritta su disco". Questo non significa che è possibile scrivere solo informazioni testuali. Un carattere è infatti rappresentato da un byte che contiene informazioni binarie. In un file è quindi possibile scrivere qualsiasi cosa; in questa definizione, per stringa si intende una qualsiasi sequenza di byte.

Spesso infatti si utilizzano i file per memorizzare variabili di tipo `struct`, per esempio per gestire un archivio di fornitori. In questo caso si ottiene un file organizzato a record, dove ciascun record è una variabile di tipo `struct` che definisce le informazioni da memorizzare per ciascun fornitore.

Un file è anche detto flusso dati, o in inglese: stream.

Aprire e chiudere un file

Per poter utilizzare un file è necessario aprirlo, cioè comunicare al sistema operativo che si intende utilizzarlo. Per aprire un file in C si utilizza la funzione `fopen()` della libreria `stdio.h`.

Questa funzione ritorna un puntatore a una variabile di tipo `FILE`, che è una struttura dati che permette di tenere traccia del file che è stato aperto e che contiene alcune informazioni di supporto che consentono alle funzioni di gestione dei file di operare correttamente. La funzione `fopen()` è così definita:

```
fopen(const char *filename, const char *mode);
```

Il primo parametro è un puntatore a una stringa che contiene il nome del file da aprire, completo di percorso, se necessario. Il secondo parametro è un puntatore a una stringa che contiene la modalità di apertura del file, scelte tra le seguenti:

- `"r"` apre per leggere e si posiziona a inizio file.
- `"w"` apre per scrivere (il file viene troncato se esiste, altrimenti viene creato).
- `"a"` apre il file per aggiungere e si posiziona a fine file (il file viene creato se non esiste).
- `"r+"` apre per leggere e scrivere e si posiziona a inizio file.
- `"w+"` apre per leggere e scrivere (il file viene troncato se esiste, altrimenti viene creato).
- `"a+"` apre il file per aggiungere e si posiziona a fine file (il file viene creato se non esiste).

Queste opzioni indicano che si sta utilizzando un file di testo, che contiene cioè solo caratteri stampabili e che termina con il carattere ASCII `EOF` (End Of File). Se si desidera operare con file binari è necessario aggiungere una `"b"` alla stringa `mode`. Per esempio, per aprire un file in lettura o scrittura si può specificare `"r+b"` o `"rb+"`.

Per chiudere un file aperto in precedenza è possibile utilizzare la funzione `fclose()`, a cui deve essere passato il puntatore alla struttura `FILE` ritornato dalla chiamata a `fopen()`.

File di testo

Per creare un file di testo è possibile utilizzare la funzione `fprintf()`, che funziona in modo similare a `printf()`, ma che invece di produrre l'output su console scrive il dato sul file passato come primo parametro. Il semplice programma che segue produce un file chiamato `temp.txt` che contiene la scritta `Hello World!`

```
#include <stdio.h>

int main()
{
    FILE *fp;

    fp = fopen("temp.txt", "w");
    fprintf(fp, "Hello World!\n");
    fclose(fp);

    return 0;
}
```

Da riga di comando Unix è possibile verificare il contenuto del file in questo modo:

```
$ cat temp.txt
Hello World!
```

Il programma seguente mostra come è possibile utilizzare la funzione `fprintf()` per produrre un output formattato. In questo caso viene prodotto un file che contiene una serie di righe, ciascuna delle quali presenta un numero pseudo-casuale di due cifre. Il numero è ottenuto dalla funzione di libreria `rand()`, che ritorna un valore compreso tra `0` e `RAND_MAX`. Il dato così ottenuto viene ricalcolato per ottenere un intero compreso tra 0 e 100, che viene poi prodotto nel file:

```
#include <stdio.h>
#include <stdlib.h>

int main()
{
    FILE *fp;
    int i = 0;
    int k;

    fp = fopen("temp.txt", "w");

    for( ; i < 10; i++ )
    {
        k = ((float)rand() / RAND_MAX) * 100;
        fprintf(fp, "%02d\n", k);
```

```
    }

    fclose(fp);

    return 0;
}
```

Un contenuto di esempio del file è il seguente:

```
$ cat temp.txt
00
13
75
45
53
21
04
67
67
93
```

Per leggere da un file di testo è possibile utilizzare la funzione `fscanf()`, che opera all'anello stesso modo della funzione gemella scanf(), con la differenza che i dati non sono letti da tastiera, ma dal file. Per leggere un file è possibile seguire due strategie diverse:

1. impostare un ciclo che iteri un numero di volte pari alla quantità di elementi che si intende leggere. Ovviamente è necessario conoscere a priori il contenuto del file, cosa che non sempre è possibile sapere con sicurezza.
2. Impostare un ciclo infinito, che si interrompe al raggiungimento della fine del file. È possibile identificare questa situazione utilizzando la funzione `feof()`, che ritorna un valore diverso da zero se il file è stato letto fino alla fine.

Nel programma seguente viene utilizzata questa seconda strategia per leggere e stampare tutti i dati presenti nel file. Ne viene inoltre calcolata e stampata la media:

```
#include <stdio.h>

int main()
{
    FILE *fp;
```

```
    int i = 0;
    int k = 0;
    long s = 0;
    float m;

    fp = fopen("temp.txt", "r");
    printf("Valori                          : ");

    do
    {
            fscanf(fp, "%d\n", &k);

            s += k;
            i++;

            printf("%2d ", k);

    } while( !feof(fp) );

    m = (float)s / i;

    printf("\n");
    printf("Numero di valori letti : %d\n", i);
    printf("La media dei valori e' : %5.2f\n\n", m);

    fclose(fp);

    return 0;
}
```

L'output del programma è il seguente:

```
Valori                 :  0 13 75 45 53 21  4 67 67 93
Numero di valori letti : 10
La media dei valori e' : 43.80
```

Input e output di caratteri

In questi semplici esempi è stato fatto uso delle due funzioni più complete, che consentono di operare con dati come interi e stringhe. La libreria di funzioni relative ai file del linguaggio C dispone anche di funzioni per agire solo a livello di caratteri o stringhe.

Le prime sono riassunte in Tabella 12.1 mentre le seconde sono descritte in Tabella 12.2.

Tabella 12.1 Funzioni dei file sui caratteri.

Funzione	Descrizione
`int fgetc(FILE *stream);` `int getc(FILE *stream);`	Legge un carattere dal file, passa a quello successivo e lo ritorna. In caso di errore o di fine file viene ritornato EOF.
`int fputc(int char, FILE *stream);` `int putc(int char, FILE *stream);`	Scrive un carattere sul file e avanza alla posizione successiva. In caso di errore ritorna EOF; in caso di successo un valore non nullo.
`int ungetc(int char, FILE *stream);`	Riposiziona un carattere nel buffer in modo che venga acquisito dalla prossima operazione di lettura. Ritorna il carattere passato come parametro o EOF in caso di errore.

Tabella 11.2 Funzioni dei file sulle stringhe.

Funzione	Descrizione
`char *fgets( char *str, int n, FILE *stream);`	Legge una stringa dal file fino al carattere n-1 e la memorizza alla posizione passata come parametro. In caso di successo ritorna un puntatore alla stringa, altrimenti restituisce NULL.
`int fputs( const char *str, FILE *stream);`	Scrive una stringa nel file. In caso di errore ritorna EOF, altrimenti ritorna un valore non negativo.

File a record

Un file a record non contiene testo in formato libero, ma un numero più o meno grande di blocchi di byte, ciascuno dei quali rappresenta una unità di informazione. Si può paragonare un file a record a una tabella di Excel, dove la struttura del record è data dalle colonne, mentre ciascuna riga è un record. La libreria `stdio.h` del linguaggio C offre una serie di funzioni specifiche per operare con i file a record.

Definire il record

Come già accennato, solitamente per operare con i file a record si dichiarano strutture di tipo `struct` che contengono le informazioni che si desidera gestire. Si ricordi che la dimensione in memoria di una struttura può variare in funzione della grandezza della parola (*word*) del microprocessore in uso. Questa logica si riflette anche nel file a record. Un file così creato è quindi dipendente dalla piattaforma e potrebbe risultare non leggibile se portato da un sistema all'altro.

Scrivere un record

Per gestire i file a record sono disponibili una serie di apposite funzioni di libreria. La scrittura avviene attraverso la funzione `fwrite()`, il cui prototipo è il seguente:

```
size_t fwrite(const void *ptr, size_t size, size_t n,
FILE *stream);
```

dove:

- `ptr` è un puntatore alla memoria che contiene le informazioni da scrivere sul file;
- `size` è la dimensione del blocco dati. Se si sta scrivendo una struttura, è la sua dimensione;
- `n` è il numero di elementi da scrivere. Se si sta scrivendo un solo record verrà passato 1, altrimenti la memoria puntata dal primo parametro dovrà contenere in sequenza il numero di record indicato. Questo potrebbe essere il caso quando si utilizza un vettore che contiene un insieme di record dati che si intende riportare tutti nel file;
- `stream` è il puntatore all'oggetto `FILE` su cui scrivere.

Nel programma seguente è presente un esempio che utilizza come record una struttura dati che potrebbe contenere un catalogo prodotti. La struttura `Prodotto` contiene infatti i campi id, descrizione e prezzo. Per scrivere un record per prima cosa viene dichiarata una variabile di tipo `Prodotto`, viene valorizzata e in seguito scritta sul file `prodotti.dat`:

```
#include <stdio.h>
#include <stdlib.h>

#define DESCR_SIZE 50

typedef struct _Prodotto {
     long id;
     char descr[ DESCR_SIZE+1 ];
     float prezzo;
} Prodotto;

int main()
{
     FILE *fp;
     Prodotto r;

     r.id = 5;
     r.prezzo = 29.9;
     strcpy(r.descr, "Descrizione");

     fp = fopen("prodotti.dat", "w");
     fwrite( &r, sizeof(r), 1, fp );
     fclose(fp);

     return 0;
}
```

Come si nota, la dimensione del blocco dati da scrivere viene ottenuta utilizzando l'operatore `sizeof()`, che come noto restituisce la dimensione del parametro passato.

La funzione `fwrite()` ritorna il numero di elementi effettivamente scritti sul file. In caso di successo, questo corrisponde con il parametro n. In caso di errore, il numero è inferiore.

Il contenuto del file non è visualizzabile in chiaro con un normale editor di testi, in quanto le informazioni numeriche sono formattate in binario e non ci sono separatori di testo. Quindi, utilizzando per esempio un programma Unix come `cat`, l'informazione visualizzata è poco leggibile. Su Mac OS X il contenuto del file è il seguente:

```
$ cat prodotti.dat
Descrizione??%????????????Q1A?33
```

Leggere un record

Per leggere uno o più record è possibile utilizzare la funzione inversa di `fwrite()`, che si chiama `fread()`. Il prototipo è molto simile a quello della sua funzione gemella ed è il seguente:

```
size_t fread(void *ptr, size_t size, size_t n, FILE
*stream);
```

Anche questa seconda funzione si aspetta quattro parametri. Il loro significato è lo stesso di quelli della funzione `fwrite()`; ovviamente, in questo caso il primo puntatore contiene l'indirizzo di un'area di memoria in cui scrivere.

Il valore di ritorno di `fread()` è il numero di elementi letti o un valore inferiore in caso di errore.

Nel programma che segue è presente un esempio di lettura del record prodotto nell'esempio precedente. Come si nota osservando l'output del programma, le informazioni visualizzate sono le medesime scritte dalla funzione `main()` dell'esempio precedente:

```
#include <stdio.h>
#include <stdlib.h>

#define DESCR_SIZE 50

typedef struct _Prodotto {
    long id;
    char descr[ DESCR_SIZE+1 ];
    float prezzo;
} Prodotto;

int main()
{
    FILE *fp;
```

```
    Prodotto r;

    fp = fopen("prodotti.dat", "r");
    fread( &r, sizeof(r), 1, fp );
    fclose(fp);

    printf("Stampa prodotto\n");
    printf("=========================\n");
    printf("id          : %d\n", r.id);
    printf("descrizione : %s\n", r.descr);
    printf("prezzo      : %5.3f\n", r.prezzo);

    return 0;
}
```

L'output prodotto dal programma è il seguente:

```
Stampa prodotto
=========================
id          : 5
descrizione : Descrizione
prezzo      : 29.900
```

Leggere più record

Per leggere più record da un file è possibile utilizzare diversi metodi. Il più semplice è quello di utilizzare una singola variabile ed eseguire una serie di letture sequenziali, inserendo la chiamata alla funzione `fread()` in un ciclo e controllando la fine del file con la funzione `feof()`. Il programma di seguito riportato utilizza questo criterio:

```
/* omissis */
int main()
{
    FILE *fp;
    Prodotto r;

    printf("Stampa prodotto\n");
    fp = fopen("prodotti.dat", "r");

    while ( !feof(fp) )
```

```
        {
            if (fread( &r, sizeof(r), 1, fp ))
                {
                printf("========================\n");
                printf("id          : %d\n", r.id);
                printf("descrizione : %s\n", r.descr);
                printf("prezzo      : %5.3f\n", r.prezzo);
            }
        }

        fclose(fp);
        return 0;
    }
```

La lettura di un record alla volta può essere una strategia efficace per risparmiare memoria, ma è meno veloce di una lettura unica. Se si conosce la dimensione del file è possibile leggerlo tutto insieme, o almeno a blocchi di più record. Nell'esempio seguente vengono letti cinque record alla volta, che vengono memorizzati in un vettore, che in seguito viene stampato attraverso un ciclo:

```
    /* omissis */
    int main()
    {
        FILE *fp;
        Prodotto r[5];
        int i;

        fp = fopen("prodotti.dat", "r");
        fread( &r, sizeof(r), 5, fp );

        printf("Stampa prodotto\n");
        for (i = 0; i < 5; i++)
        {
          printf("========================\n");
          printf("id          : %d\n", r[ i ].id);
          printf("descrizione : %s\n", r[ i ].descr);
          printf("prezzo      : %5.3f\n", r[ i ].prezzo);
        }
```

```
        fclose(fp);
        return 0;
    }
```

Si noti che le funzioni `fread()` *e* `fwrite()`*, diversamente dalle altre funzioni che operano con i file, richiedono il passaggio del puntatore di tipo* `FILE` *alla fine dell'elenco dei parametri, e non all'inizio.*

Muoversi nel file

La libreria del linguaggio C dispone di una funzione che consente di spostarsi all'interno del file, il cui prototipo è il seguente:

```
int fseek(FILE *stream, long int offset, int whence);
```

dove:

- `stream` è il file su cui operare;
- `offset` è la dimensione in byte dello spostamento da effettuare;
- `whence` è un valore intero che indica il riferimento di partenza dello spostamento.

Quest'ultimo parametro può assumere i seguenti valori:

- `SEEK_SET`. Lo spostamento è riferito all'inizio del file. Specificando quindi un valore positivo nel parametro `offset` lo spostamento avverrà alla posizione assoluta indicata da `offset`.
- `SEEK_CUR`. Lo spostamento è relativo alla posizione corrente. È quindi possibile specificare anche un valore di `offset` negativo. Per esempio, se il file è posizionato al byte 100, è possibile specificare uno spostamento di -25. Il file sarà quindi impostato alla posizione 75.
- `SEEK_END`. Lo spostamento avviene a partire dalla fine del file, quindi l'offset deve essere negativo, oppure valere zero. In quest'ultimo caso il file sarà posizionato alla fine dello stesso.

La funzione ritorna zero se non ci sono stati errori o un valore diverso da zero in caso contrario.

Il programma seguente mostra come utilizzare la funzione `fseek()` per puntare a un determinato record.

Per conoscere la posizione di inizio di un record è sufficiente specificare un valore assoluto calcolato moltiplicando la dimensione del record per il numero di record che si desidera ottenere, tolto 1:

```
int main()
{
     FILE *fp;
     Prodotto r;

     printf("Stampa prodotto\n");
     fp = fopen("prodotti.dat", "r");

     const int record_number = 4;
     fseek(fp, sizeof(r) * (record_number-1),
             SEEK_SET);
     fread( &r, sizeof(r), 1, fp );

     printf("========================\n");
     printf("id           : %d\n", r.id);
     printf("descrizione : %s\n", r.descr);
     printf("prezzo      : %5.3f\n", r.prezzo);

     fclose(fp);
     return 0;
}
```

La libreria di input/output su file offre anche una funzione per determinare la posizione attuale del file. Questa viene utilizzata spesso per determinare a priori la sua dimensione. È sufficiente andare alla fine e ottenere la posizione corrente, la quale in effetti è la dimensione del file. La funzione che consente questo è `ftell()`, che si aspetta come parametro un puntatore di tipo `FILE` e ritorna un intero lungo. Il programma seguente determina la dimensione del file in byte e in numero di record del file `prodotti.dati`:

```
/* omissis */
int main()
{
     FILE *fp;
     long size;
     int count;
```

```
    fp = fopen("prodotti.dat", "r");
    fseek(fp, 0, SEEK_END);

    size = ftell(fp);
    count = size / sizeof(Prodotto);

    fclose(fp);

    printf("Dimensione    : %ld\n", size);
    printf("Numero record : %d\n", count);

    return 0;
}
```

L'output del programma è il seguente:

```
Dimensione    : 300
Numero record : 5
```

Ricerca di un record

Una operazione che si esegue spesso sui file a record è la ricerca di un determinato record, sulla base di uno specifico campo della struttura utilizzata. Il modo più semplice di eseguire questa ricerca è quello di scorrere sequenzialmente il file leggendo un record alla volta per verificare se è quello che interessa.

Il seguente programma legge tutti i record e individua quello dove l'id vale 5. Il record trovato viene stampato:

```
/* omissis */
int main()
{
    FILE *fp;
    Prodotto r;

    printf("Stampa prodotto\n");
    fp = fopen("prodotti.dat", "r");

    while ( !feof(fp) )
    {
        if (fread( &r, sizeof(r), 1, fp ))
```

```
            {
                if (r.id == 5)
                {
                    printf("=========================\n");
                    printf("id          : %d\n", r.id);
                    printf("descrizione : %s\n", r.descr);
                    printf("prezzo      : %5.3f\n",
                        r.prezzo);
                }
            }
        }

        fclose(fp);
        return 0;
    }
```

L'output del programma è simile al seguente (è stato utilizzato un file `prodotti.dat` di prova che contiene alcuni prodotti validi):

```
Stampa prodotto
=========================
id          : 5
descrizione : Casse multimediali
prezzo      : 29.900
```

Come già spiegato nel Capitolo 6 sui vettori, la ricerca sequenziale non è affatto un algoritmo efficiente, in quanto richiede la scansione di tutti i dati per poter individuare quello desiderato. Lo stesso discorso vale anche per i file a record. Nel corso del tempo sono state quindi individuate diverse strategie per ottimizzare la ricerca e la gestione di questo tipo di file. Oggigiorno la gestione di grosse basi dati avvengono tramite database relazionali, che sono programmi server a cui è possibile accedere utilizzando funzioni proprietarie e che consentono di strutturare tabelle, indici, sequenze, trigger, viste e altro fornendo l'accesso ai dati attraverso il linguaggio SQL. Nel caso non si voglia scomodare i database relazionali, che anche nelle versioni più semplici richiedono uno sforzo di installazione, manutenzione e amministrazione, è comunque possibile sfruttare un importante concetto: gli indici. Un file indice è un file molto più piccolo del file dati principale, che contiene due informazioni: la chiave di ricerca e il numero di record che la contiene. Nel caso della struttura `Prodotto`, *l'indice potrebbe contenere l'id e il numero di record che lo contiene. Il programma potrebbe poi mantenere in memoria l'indice, magari in un vettore di semplici strutture, e utilizzare la ricerca dicotomica per individuare in fretta il dato desiderato. Con il numero di record è possibile quindi accedere direttamente all'informazione, evitando lo scorrimento nel file dati principale.*

File con testata

Nei file a record qui descritti non è presente una testata. All'inizio del file c'è direttamente un record dati, la situazione del file è quindi quella descritta in Figura 12.1.

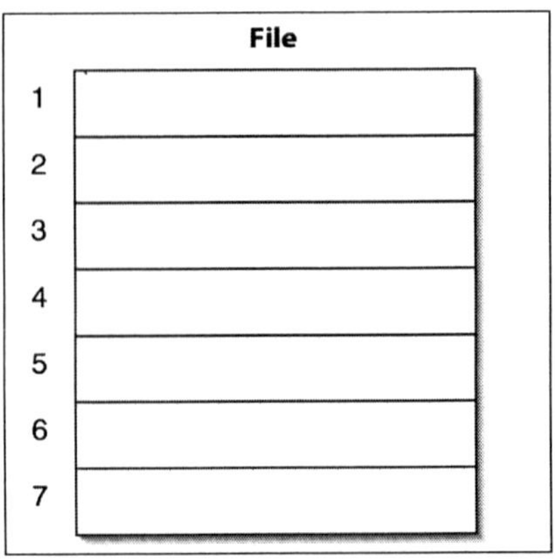

Figura 12.1 File a record normale.

Questo criterio, sebbene sia molto semplice da implementare e richieda calcoli non complessi per determinare la posizione assoluta di un record sulla base del suo indice, presenta però dei limiti.

La prima cosa da considerare è che questo metodo non permette di memorizzare altre informazioni di supporto oltre a quelle applicative vere e proprie. Un problema fondamentale con i file a record realizzati utilizzando `struct` è che se si scrive un file utilizzando una certa struttura e poi si la si modifica, le successive operazioni di lettura e scrittura risultano sballate, in quanto la dimensione totale del record e la sua composizione interna sono diverse. In questo caso il file è reso illeggibile dalle modifiche al programma. La soluzione più semplice è quella di mantenere nel programma più versioni di strutture, una per ogni versione di file creato. Ovviamente questo problema si pone solo nel caso in cui il programma sia stato impiegato per creare archivi con vita a lungo termine. Questo accade per esempio quando si rilascia il software perché gli utenti lo utilizzino per il loro lavoro abituale.

Rimane però il problema di identificare la versione di un determinato file. È ovviamente possibile inserire nel nome del file estensioni o convenzioni particolari, ma questa soluzione è poco affidabile perché l'utente, semplicemente rinominando un file, può rendere non funzionante il software. Una soluzione più efficace è quella di memorizzare il numero di versione all'interno del file stesso. Come si è visto, una semplice struttura a record non consente l'aggiunta di informazioni tecniche in modo semplice.

Per ovviare a questo problema è possibile adottare una struttura di file come quella in Figura 12.2, che è dotato di una testata informativa, anch'essa realizzata come struttura, che contiene informazioni utili al programma, come il numero di versione del file, il numero di record presenti nel file e l'offset di inizio dei dati e altro. Questi ulteriori dati, se da una parte richiedono maggior codifica e più tempo utilizzato dal processore, d'altra parte semplificano molte operazioni. Per esempio, se si dispone del numero dei record presenti non è necessario andare fino alla fine del file per calcolare questo dato ogni volta che serve.

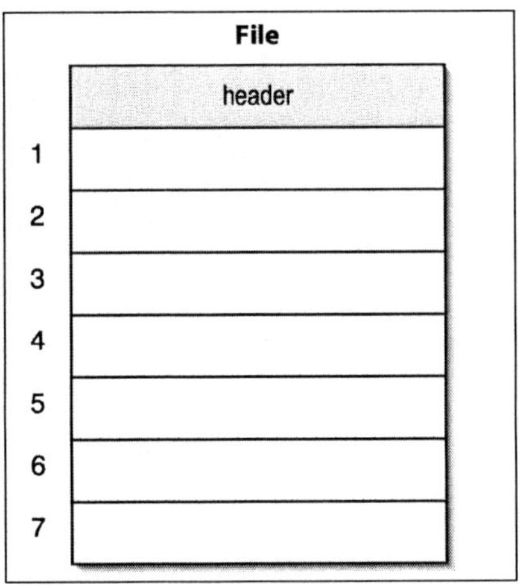

Figura 12.2 File a record con testata.

Ma il discorso non termina qui. L'evoluzione di questa struttura di file è una struttura completamente dinamica, nella quale non c'è una relazione diretta tra i dati e il programma. Non si usano quindi le `struct`, ma tutte le informazioni sui campi si trovano nella testata del file, per rendere possibile una gestione completamente dinamica della struttura del file. Per esempio, non si utilizzerà più l'operatore `sizeof()` per determinare la lunghezza del record, ma la si leggerà direttamente dalla testata, valorizzata dalla somma della dimensione dei campi, definiti anch'essi nella testata stessa.

File e liste collegate

Spesso i file si utilizzano insieme alle liste collegate, descritte nel capitolo precedente. Questo si verifica soprattutto quando è necessario elaborare tutto il file contemporaneamente. In queste situazioni è comune scorrere il flusso dati e memorizzarlo in una struttura informativa come una lista collegata o doppiamente collegata.

Una volta che i dati sono immagazzinati in memoria in modo efficiente, è possibile eseguire l'elaborazione prevista dal programma. Questo metodo è valido sia quando il file contiene record, quindi `struct` salvate su disco, oppure semplice testo.

Un classico problema che è possibile risolvere con questa tecnica è l'ordinamento del contenuto di un file di testo. Nei sistemi operativi basati su Unix è disponibile il programma a riga di comando `sort`, che svolge proprio questa operazione. Quella che segue ne è una semplice implementazione, che legge il file di input riga per riga, lo inserisce in una lista ordinata e poi riporta la lista sul file di output. La struttura dati utilizzata è molto semplice e prevede solo un puntatore alla stringa che rappresenta la riga, oltre ovviamente al puntatore all'elemento successivo della lista:

```
#include <stdlib.h>
#include <stdio.h>

#define BOOL int
#define FALSE   0
#define TRUE !FALSE

typedef struct _Line {
    char *data;
    struct _Line *next;
```

```
} Line;

Line *list = NULL;
```

La funzione di inizializzazione crea il primo elemento della lista, che è un nodo sentinella (si veda il capitolo precedente per ulteriori spiegazioni in merito a questo concetto):

```
int init()
{
    Line *r;

    r = malloc(sizeof(Line));
    if (r != NULL)
    {
        r->next = NULL;
        list = r;
    }
}
```

La funzione `last()` ritorna l'ultimo elemento della lista e verrà utilizzata dalla funzione `add()`:

```
Line *last()
{
    Line *curr;
    curr = list;

    while( curr->next )
    {
        curr = curr->next;
    }

    return curr;
}
```

La funzione di aggiunta di una riga alla lista esegue due allocazioni di memoria. La prima riserva lo spazio necessario a un nuovo nodo della lista. La seconda alloca lo spazio necessario a contenere la riga di testo passata come parametro.

Per capire in che posizione inserire la riga viene eseguito un confronto di stringhe tra il nodo attuale e la stringa passata come parametro, utilizzando la funzione `strcmp()`.

```
BOOL add(const char *s)
{
     Line *curr;
     Line *r;

     r = malloc(sizeof(Line));
     if (r != NULL)
     {
             r->data = malloc(strlen(s) + 1);
             strcpy(r->data, s);

             curr = list;
             while( curr->next )
             {
                 if ( strcmp(curr->next->data, s) > 0)
                 {
                     break;
                 }
                 curr = curr->next;
             }
             r->next = curr->next;
             curr->next = r;

             return TRUE;
     }
     else
     {
             return FALSE;
     }
}
```

La funzione `getline()` si occupa di leggere una riga dal file, terminando al raggiungimento della fine del file o di un carattere terminatore di riga (`\n`). La stringa passata come parametro deve puntare a una zona di memoria già allocata:

```
void getline(char *s, FILE *fp)
{
     int c;
```

```
        while (TRUE)
        {
                c = fgetc(fp);

                if (feof(fp) || c == EOF || c == '\n')
                {
                        break;
                }
                else
                {
                        *s = c;
                        s++;
                }
        }

        *s = '\0';
    }
```

La funzione principale del programma è `sort()` e si occupa di eseguire tre operazioni: l'inizializzazione della lista, la lettura del file di input con relativo inserimento nella struttura dati e la successiva scrittura del contenuto di quest'ultima nel file di output:

```
#define BUF_SIZE 512

int sort(const char *input_filename, const char
*output_filename)
{
        FILE *input_fp;
        FILE *output_fp;
        Line *curr;
        char buffer[ BUF_SIZE + 1 ];
        int i = 0;

        /* inizializza la lista */
        init();

        input_fp = fopen(input_filename, "r");
        while (input_fp)
        {
```

```
        /* legge una riga */
        getline(buffer, input_fp);
        if (feof(input_fp))
        {
                break;
        }

        /* aggiunge alla lista */
        if (!add( buffer ))
        {
                printf("Memoria esaurita\n");
                return -1;
        }

        i++;
}
if (input_fp)
{
        fclose(input_fp);
}
else
{
        printf("Impossibile aprire il file %s",
                input_filename);
}

/* scrive il file di output */
output_fp = fopen(output_filename, "w");
curr = list->next;

while( output_fp && curr )
{
        fprintf(output_fp, "%s\n", curr->data);
        curr = curr->next;
}

if (output_fp)
{
```

```
            fclose(output_fp);
        }
        else
        {
            printf("Impossibile scrivere il file %s",
                    output_filename);
        }

        return 0;
    }
```

La funzione `main()` del programma si limita quindi a controllare i parametri del programma e di invocare la funzione `sort()`:

```
    int main (int argc, char **argv)
    {
        if (argc != 3)
        {
            printf(
                "sort <file input> <file output> (%d)\n",
                    argc);
            return 1;
        }

        return sort( argv[ 1 ], argv[ 2 ] );
    }
```

Gestione degli errori

Tutte le funzioni descritte in questo capitolo potrebbero generare degli errori, in quanto i file sono memorizzati su dispositivi hardware che potrebbero non funzionare come previsto. Banalmente, è possibile che si stia provando l'accesso a un file presente su disco floppy o chiavetta USB, dispositivi che in qualsiasi momento potrebbero essere disconnessi o non presenti.

Generalmente, le funzioni che operano sui file sono impostate per restituire un valore o un insieme di valori specifici che indicano in modo inequivocabile al codice chiamante che qualcosa non è andato come previsto. Nello sviluppare codice che accede ai file è sempre buona norma controllare il valore di ritorno delle funzioni utilizzate e gestire le possibili casistiche di errore.

La mancata o non corretta gestione degli errori è infatti una delle principali fonti di anomalie dei programmi software. Nel codice presentato in questo capitolo gli errori non sono stati gestiti, perché lo scopo era di presentare codice che fosse il più semplice possibile, piuttosto che completamente funzionale.

La libreria standard per l'input/output del linguaggio C prevede una serie di funzioni relative agli errori che consentono di strutturare un più organico codice di gestione. Sono le seguenti:

- `int ferror(FILE *stream)`. Ritorna un valore diverso da zero se il file passato come parametro è in errore o zero altrimenti. La struttura dati `FILE` contiene infatti diverse informazioni di supporto, tra cui un flag che identifica se l'ultima funzione relativa ai file ha generato un errore.
- `void clearerr(FILE *stream)`. Questa funzione azzera il flag di errore di un particolare file.
- `void perror(const char *str)`. Attraverso questa funzione è possibile ottenere una descrizione dell'errore che è avvenuto, che viene copiata nella stringa passata come parametro. Il puntatore `str` deve quindi far riferimento a un'area di memoria già allocata e disponibile.

Appendice A

Parole chiave

In questo appendice sono elencate le parole chiave riservate del linguaggio, come definite nello standard ANSI C 99.

`auto`	`enum`	`restrict`	`unsigned`
`break`	`extern`	`return`	`void`
`case`	`float`	`short`	`volatile`
`char`	`for`	`signed`	`while`
`const`	`goto`	`sizeof`	`_Bool`
`continue`	`if`	`static`	`_Complex`
`default`	`inline`	`struct`	`_Imaginary`
`do`	`int`	`switch`	
`double`	`long`	`typedef`	
`else`	`register`	`union`	

Appendice B

Precedenza operatori

Nella tabella seguente è presente un riassunto degli operatori del linguaggio C, ordinati per precedenza. Questo significa che gli operatori in alto sono valutati per primi rispetto a quelli più in basso. Per esempio, se presenti entrambi in una stessa espressione, il compilatore valuta prima l'operatore `->` rispetto a `+=`, che si trova più in basso nell'elenco.

L'associatività, specificata nella terza colonna, indica invece cosa fare quando in un'espressione sono presenti operatori con la stessa precedenza. Nel caso questa sia "sinistra-destra", gli operatori con medesima priorità vengono valutati dal compilatore partendo da quello più a sinistra e procedendo verso destra. Se l'associatività è "destra-sinistra", l'operazione avviene con ordine inverso.

Tabella B.1 Precedenza degli operatori e associatività.

<table>
<tr><th>Tipo</th><th>Operatore</th><th>Associatività</th></tr>
<tr><td>Primari</td><td>() [] . -> expr++ expr--</td><td>sinistra-destra</td></tr>
<tr><td>Unari</td><td>* & + - | ~ ++expr --expr
(cast) sizeof()</td><td>destra-sinistra</td></tr>
<tr><td>Binari</td><td>* / %
+ -
>> <<
< > <= >=
== !=
&
^
|
&&
||</td><td>sinistra-destra</td></tr>
<tr><td>Ternario</td><td>? :</td><td>destra-sinistra</td></tr>
<tr><td>Assegnazione</td><td>= += -= *= /= %= >>= <<=
&= ^= |=</td><td>destra-sinistra</td></tr>
<tr><td>Virgola</td><td>,</td><td>sinistra-destra</td></tr>
</table>

Indice analitico

Simboli

R

S